ISBN 978-3-8349-0506-2

Albrechtstr. 22
D-10117 Berlin
www.fuchsbriefe.de

Redaktionsschluss: 23. August 2005,
Redaktion: Fuchsbriefe, Berlin
Einbandgestaltung: Verlag Fuchsbriefe
Satz: Verlag Fuchsbriefe, Berlin

Hinweis

Baukasten für's Vermögen

Immer wieder glauben Anleger, mit heißen Tipps ein Vermögen machen zu können. Meistens wird der heiße Tipp dann zum heißen Stuhl: Schlaflose Nächte und schlimmstenfalls böse verbrannte Finger sind die Folgen. Das Weiterleiten von Insiderinformationen ist strafbar. Das Kontrollnetz der befassten Behörden wird immer enger gezogen. Kurz: Es ist heutzutage schlichtweg Blödsinn, auf heiße Tipps zu hoffen.

Zwei Botschaften verbinden sich damit:

1. Selten erzielt man eine überdurchschnittliche Rendite, schlägt den Markt oder den Index einer Anlageklasse.

2. Zu jeder Chance gehört ein Risiko, und das ist um so höher, je heißer der Tipp ist. Fast immer.

Über 90% der Rendite stammen aus der Anlagestruktur, nicht aus der Performance der darin befindlichen Einzelwerte. Natürlich: Auch die Steuer darf nicht vergessen werden. 25% Steuerabzug von einem Zinsgewinn von 10.000 € beispielsweise – das muss erst mal verdient werden. Schön, wenn man an dieser Stelle „sparen" kann. Aber nicht jedes steuerlich reizvolle Angebot ist langfristig sinnvoll: Immobilien oder geschlossene Fonds etwa haben nach verflogener Freude über Abschreibungen zu dauerhaftem Ärger geführt, weil die Mieter fehlten.

Geldanlage ist harte Arbeit

Geldanlegen ist harte Arbeit, kein Glücksspiel. Man braucht den Zugang zu Information, und die gibt's seit dem Internet fast an jeder Ecke. Doch man muss auch die Qualität ermessen können und man braucht Zeit, viel Zeit. Gerade für Unternehmer ist diese Erkenntnis wichtig. Ihrer Natur nach sind sie risikobereit, ein wenig von einem Spieler steckt in jeder Unternehmerseele. Und das ist auch gut so. Es macht schließlich den Erfolg des Unternehmers aus. Auf dem Gebiet, auf dem er zu Hause ist. Die Finanzanlage aber ist das meist nicht.

Unternehmer und Finanzmanager – zwei ganz unterschiedliche Typen

In diesem Punkt unterschiedet er sich grundlegend vom Vermögensmanager, der gewöhnlich ein eher risikoscheuer Typ ist und auch sein sollte. Er wird den heißen Tipp meiden und auf die intelligente Zusammenstellung der Anlagen achten. Unter Berücksichtigung des Liquiditätsbedarfs des Unternehmers, seiner beruflichen und privaten Ziele usw.

Ralf Vielhaber

Wer sich mit Geldanlage nicht zum Zwecke des Glücksspiels und dessen besonderen Kitzels beschäftigt, sondern sich fit und interessiert genug fühlt, seine Geldangelegenheiten selbst in die Hand zu nehmen, muss strukturiert an die Sache herangehen.

Genau dazu dient der vorliegende Report. Ich habe die zentralen Artikel unseres Fuchs-Autoren *Dr. Jörg Richter* aus mehr als zwei Jahren zusammen gestellt und aktualisiert, damit Unternehmer, Freiberufler und andere Interessierte ein Kompendium an der Hand haben, den richtigen Umgang mit dem eigenen Vermögen anschaulich und nachvollziehbar zu lernen und zu verbessern. Alle Beiträge sind, soweit nötig, aktualisiert.

Fälle aus dem „wirklichen Leben"

In den alle 14 Tage erscheinenden Beiträgen der Serie geht es immer um konkrete, aber nichts desto weniger typische Fälle „aus dem wirklichen Leben", in denen sich die meisten wiederfinden dürften. So manches Aha-Erlebnis wird sich einstellen, wenn Sie merken, wie oft der Bauch den Kopf betrügt, wie wichtig es ist, genau nachzurechnen und Alternativen zu prüfen. Und immer wieder: darauf zu achten, dass ein Portfolio in sich stimmig ist.

Wer am Ende sagt, „Wie soll ich das denn alles leisten?", hat ebenfalls eine wichtige Erkenntnis gemacht. Denn er wird künftig vielleicht professionelle Hilfe hinzu ziehen. Auch die kostet Geld und macht Fehler. Im Zweifel aber deutlich weniger, als man selbst.

Ein Unternehmer, der sich sein Geld hart verdient hat und täglich versucht, sein Geschäft und dessen Strukturen zu optimieren, sollte mit seinem Privatvermögen nicht anders umgehen! Dr. Jörg Richter lässt sie praxisnah an seinem Expertenwissen teilhaben – und er zeigt Ihnen die eigenen Grenzen auf.

In diesem Sinne wünscht viel Erfolg

Ihr

Ralf Vielhaber

Inhaltsverzeichnis

**LGT Bank – Die Privatbank
des Fürstenhauses von Liechtenstein.**

**Die Kunst, mit innovativen Methoden
und Instrumenten bleibende Werte
zu schaffen, zu erhalten und zu mehren.**

Die Vermögenskultur der bleibenden Werte.

I. Strategie

Konflikte in der Beratung

Ratgeber für Unternehmer

Einen guten Steuerberater zu finden, ist für jeden Unternehmer geradezu existenziell. Aber dies gestaltet sich als schwierige Aufgabe. Stimmt die „Chemie" zwischen Mandant und Berater? Werden Termine eingehalten? Wird die Buchführung ordentlich gemacht?

Wenn es aber um die Kernkompetenz eines Steuerberaters geht, ist die Qualität schwer zu beurteilen: Sind alle Gestaltungsmöglichkeiten ausgeschöpft? Hat der Berater alle Möglichkeiten mit dem Mandanten abgewogen? Sind die Entscheidungen optimal oder wurden wichtige Aspekte übersehen? An einer Stelle kann sich der Unternehmer bei seinem **Steuerberater** aber (relativ) sicher sein. Als gesetzlich **geregelter Standesberuf** muss der Berater die Interessen seiner Mandanten ohne Abstriche berücksichtigen. Im Gegenzug – auch das regelt das Gesetz – erhält die Kanzlei ein Honorar. Ziel des Gesetzgebers: das Ausschalten von Interessenskonflikten.

Vertrauen in die Dienste

Das hier Gesagte gilt auch für die Vermögensberatung. Die **Leistungen des Finanzberaters sind für den Kunden nur eingeschränkt zu beurteilen.** Besonders heikel: das Urteil über die Qualität der Empfehlungen. Daher werden die Steuerberatung und die Vermögensberatung von Experten als „Vertrauensdienstleistung" bezeichnet. Kunden und Mandanten müssen vertrauen, denn sie haben nicht das Fachwissen, die Leistung des Beraters zu beurteilen. Hätten sie dieses Wissen, bräuchten sie die Experten nicht.

Bei der Vermögensberatung kommt ein weiteres Problem hinzu: **Vermögensberater darf sich jeder nennen** – Steuerberater dagegen nicht. Die Hürden bis zum Überreichen der Ernennungsurkunde sind für den steuerlichen Experten hoch – der Finanzberater braucht lediglich eine Gewerbeerlaubnis für 35 €. Diesen Umstand nutzen seit Jahren viele unseriöse Vertriebe, die in ihrem Firmennamen „Vermögensberatung" oder ähnlich seriös klingende Bezeichnungen führen. „Fachidiot schlägt Kunden tot" ist eines der geflügelten Worte in der Branche. **Fachwissen ist nicht notwendig, um am Markt erfolgreich Geld zu verdienen!**

Interessenskonflikte

Neben dem unregulierten Zugang zum Markt kommt ein weiterer gravierender Aspekt hinzu: Die überwiegende Mehrzahl aller Vermögens- und Finanzberater wird erfolgsabhängig entlohnt – und zwar vom Produktgeber. Nicht die Beratung wird entlohnt, sondern der erfolgreiche Verkauf. Darum wird der Schwerpunkt bei der Ausbildung vieler Finanzvertriebe auf die verkäuferische Schulung der Mitarbeiter gelegt. Fachwissen spielt eine untergeordnete Rolle.

Glücklicherweise sind **Unternehmer und vermögende Private weniger „anfällig" für diese Beratungsanbieter.** Grund: Die Vertriebe konzentrieren sich auf „Otto Normalbürger" und versuchen dort, ihre Produkte unters Volk zu bringen. Dennoch bleibt das Grundproblem des Interessenkonflikts bestehen. Denn dieser betrifft nicht nur Vertriebe, sondern Makler, Versicherungsgesellschaften, Kreditinstitute, Sparkassen bis hin zu den seriösen Privatbanken.

Fall aus der Praxis

Das Ehepaar Mandelhorn betreibt ihr mittelständisches Unternehmen in der Zuliefererindustrie bereits in der dritten Familiengeneration. Der Großvater von Peter Mandelhorn legte den Grundstein für ein Unternehmen, das heute – nach einer Konsolidierung in den letzten fünf Jahren – 120 Mitarbeiter beschäftigt. Die besten Zeiten erlebte das Unternehmen, als der Vater von Herrn Mandelhorn das Unternehmen führte. Da dieser und seine Frau bereits seit einigen Jahren verstorben sind und ein beträchtliches Erbe hinterlassen haben, sieht die Vermögenslage der Eheleute gut aus. Bei zwei Banken sind 4,5 Mio. € in Aktien und Renten angelegt. Darüber hinaus sind 12 Mio. € Immobilienwerte vorhanden, wovon über die Hälfte vermietete Mehrfamilienhäuser sind. Der Rest zählt zum Betriebsvermögen. Vor gut 12 Jahren übertrug der Vater zudem zwei Lebensversicherungen an seinen Sohn, die jetzt fällig werden. Insgesamt 2,5 Mio. € werden jetzt flüssig und suchen eine geeignete Anlage.

Attraktiver Kunde

Die Eheleute sind mit ihrem Vermögen ohne Frage gern gesehene Kunden bei sämtlichen Vermögensberatern und Verwaltern. Das wissen die Beiden und wollen die Zeit nutzen, sich mehrere Berater anzuhören.

Die Banken, die ihre Wertpapiere verwalten, kommen schnell mit zwei Vorschlägen. Das Geld soll in das bestehende Mandat übernommen werden. Auf Grund der höheren Anlagesumme kann das Portfolio noch breiter gestreut werden. Neu hinzu kommen Hegdefonds in Form von Zertifikaten und eine „Spezialanlage" im Bereich Unternehmensfinanzierung, „Mezzanine-Kapital" genannt. Die Kosten sind transparent: Beide Banken nehmen 1,16% inklusive Umsatzsteuer pro Jahr. Das macht im Fall der Eheleute insgesamt 52.200 €.

Alternativen?

Auf Empfehlung eines Freundes hören sich die Eheleute auch einen „Wirtschaftsberater" eines börsennotierten Finanzvertriebes an. Dieser freut sich über die Einladung und präsentiert einen Vorschlag ohne

Vermögensverwaltung. Er rät, zusätzlich die bestehenden 4,5 Mio. € umzuschichten und auf die individuelle Verwaltung zu verzichten. Seine Argumente: Zu teuer und nicht erfolgreich genug. Anhand einiger Auswertungstabellen zeigt er eindrucksvoll, dass die Eheleute mit einer reinen Investmentfondsstrategie ohne Veränderung des Risikos gut 1% mehr Performance erzielt hätten. Immerhin sind dies 45.000 € nur in den letzten 12 Monaten. Allein dieser Tipp sei viel Geld wert.

Seine Lösung: Reduktion des liquiden Vermögens auf 4 Mio. €. Investition in Investmentfonds, 60% in eher defensive Werte, 40% in Aktienwerte. Darüber hinaus Anlage in zwei Auslandsimmobilienfonds (250.000 €), einen Schifffonds (Beteilungssumme 250.000 €), US-Lebensversicherungsfonds (200.000 €) und einen Mezzaninekapital-ähnlichen Fonds mit hohem Verlustanteil im Zeichnungsjahr in Höhe von 150.000 €. Der Rest soll in zwei Lebensversicherungen investiert werden, die dann an die beiden Kinder übertragen werden. Gut geschult, **verklausuliert** der Vertriebsmann **die Kosten für seine Beratung geschickt:** „Ich werde von den Produktgesellschaften angemessen entlohnt". Angemessen ist relativ: Wenn Mandelhorns jetzt nicht verhandeln, erhält der Berater bei Abschluss ungefähr folgende Provisionen: ca. 4% auf die Investmentfondsanlage (160.000 €), 8% auf die Immobilienanlage (20.000 €), 12% für das Schiff (30.000 €), nochmals 7% für die US-Lebensversicherungen (14.000 €) und 6% für den Spezialfonds Mezzanine (9.000 €). Für die Lebensversicherungen werden zusätzlich 3,5% auf die Einzahlungssumme überwiesen. Dies sind etwas über 75.000 €.

Vergütung wird geteilt

Über die Qualität der Beratung kann das Unternehmerehepaar wenig sagen. Noch weniger über die Güte der angebotenen Produkte. Würde der Berater mit diesen Provisionshöhen konfrontiert, würde er ein solch hohes Entgelt abstreiten. Zu Recht, denn als Mitarbeiter eines Finanzvertriebes erhält er nur einen Anteil von 30 bis 60%. Dennoch „zahlen" die Eheleute diese Summe.

Deutlich wird: Unter dem Gesichtspunkt der **Streuung des Vermögens** ist der Ansatz des Wirtschaftsberaters fundierter als die Angebote der vermögensverwaltenden Banken. Die aktuelle Studie der Private Banking Prüfinstanz (Fuchsbriefe, IQF, Firstfive) zeigt, dass immer mehr renommierte Banken ihren Beratungsansatz ausdehnen. Produkte wie Schiffe, US-Lebensversicherungen, britische Policen, Venture Capital etc. kommen hinzu.

Bei dem Angebot des Wirtschaftsberaters bleibt ein Nachgeschmack: Denn ob die vorgeschlagene Aufteilung des Vermögens wirklich fundiert ist, bleibt weiter im Dunkeln. Warum lautet der Vorschlag über 250.000 € Schiffsbeteiligung und nicht 500.000 € – dann

verteilt auf drei Schiffe? Reichen nicht nur 100.000 €? Sollte nicht der US-Lebensversicherungs-bereich höher gewichtet werden? Es ist ein Irrglaube, dass die etablierten Private Banking Abteilungen der Banken über fundierte Instrumente verfügen, die richtige Zusammenstellung über das Gesamtvermögen zu entwickeln. In dem Test der Prüfinstanz waren es nur wenige Banken, die ihren Vorschlag nachvollziehbar begründen konnten. Vielerorts entsteht der Vorschlag aus einer Mischung von Erfahrungen, aktueller Stimmung, vorhandenen Produkten, Geschäftspolitik, Ertragsnotwendigkeit und „Daumenpeilung".

Honorar statt Provision?

Wohin sich die Eheleute auch wenden: Beratungskosten fallen stets an. Darum ist es eine grundlegende Entscheidung für Vermögende, ob sie sich an einen der wenigen Freiberufler wenden oder die traditionellen Beratungspartner wählen. Im ersten Fall „kauft" sich das Unternehmerpaar einen „Honorarberater" ein, der – von ihnen bezahlt – ausschließlich in ihrem Interesse arbeitet. Ein Honorarberater berät wie ein guter Anwalt auf Zeit. Stundenhonorare ab 200 € sind übliche Sätze. Bis zu 400 € berechnen die wenigen Spitzenleute im Markt. Je nach Beratungsinhalt sind die Honorare häufig steuerlich abzugsfähig. Vorteil des freiberuflichen Experten: Nach Klärung des Honorars hat er den Kopf frei für seinen Mandanten. Er kann auch auf die Bereiche schauen, die ein Provisionsberater mangels Ertragspotenzial auslassen würde. Denkbar wäre z. B., den Vermögensverwalter zu wechseln. Teilt der Experte die Argumentation des Wirtschaftsberaters, würden die Eheleute zusätzlich sparen. Die Investmentfonds könnten sie ohne Agio erhalten (Ersparnis 160.000 €).

Doch Vorsicht: Honorarberater ist nicht gleich Honorarberater. **Wenn es um konkrete Produkte geht, teilt sich der Markt der Berater erneut.** Einige Berater arbeiten dann wieder gegen Provision und erstatten zumindest das Honorar. Andere berechnen diese Leistung mit einem gesonderten Honorar und geben die Provisionen, mit gesetzlichen Einschränkungen im Versicherungsbereich, in voller Höhe weiter.

Natürlich stellt sich auch hier die **Frage nach der Fachkompetenz.** Mangels staatlicher Regulierung bleiben nur „Qualitätssiegel" wie der Certified Financial Planner (Finanzplanung) oder der Certified Estate Planner (Vermögensnachfolge) und das Renommee des Beraters als Orientierungshilfe.

Bei den traditionellen Beratungspartnern bleibt die Vergütung für den Kunden im Verborgenen. Damit bleiben die Interessenskonflikte zwischen Kunde und Berater, deren Lösung meist zu Lasten der Ratsuchenden geht.

FB vom 17.01.2005

www.fuchsbriefe.de

Vermögensberatung

Wenn's schief läuft

Beratung baut auf Vertrauen. Denn ob die konkrete Empfehlung eines Beraters tatsächlich fundiert ist, bleibt einem Anleger zunächst verborgen – auch wenn viele Informationen ausgetauscht werden.

Aus den Gerichtssälen lässt sich berichten: Viele Anleger mussten erleben, dass ihr Geld nicht den erhofften Ertrag brachte. Es gab häufig Verluste statt Verzinsung bis hin zum Totalverlust des eingesetzten Kapitals. So krass dies auch klingen mag: Mancher Unternehmer wurde durch zu riskante Kapitalanlagen ruiniert.

Fall aus der Praxis

Fritz Bensken (Name geändert) hat sich vor Jahren bei der Commerzbank-Tochter CFB Commerz Fonds Beteiligungsgesellschaft mit 100.000 € am Fonds Nr. 144 beteiligt. **Das Investitionsobjekt: Das Westfalenstadion in Dortmund.** Als der börsennotierte Club in finanzielle Schwierigkeiten kam, wurden die Mietzahlungen an den Fonds reduziert. Folge: Die Anleger gingen leer aus. Die prognostizierten Renditen blieben Traumvorstellungen.

Zwar hat Bensken 48 % seiner Einlage zurückerhalten. Doch seine Enttäuschung ist groß. Bensken, eigentlich nicht streitfreudig, holt Rechtsrat ein. Mit einigen Mitgesellschaftern schaltet er einen renommierten Anwalt ein, der gegen die Bank-Tochter klagt. Grund: Im Verkaufsprospekt soll die finanzielle Lage des Dortmunder Traditionsclub falsch dargestellt worden sein. Hätten Benske und die anderen Investoren – so die Argumentation des Anwalts – tatsächlich gewusst, wie es um den Fußballclub steht, hätten sie von dem Beteiligungsangebot die Finger gelassen. Jetzt entscheidet das Landgericht Düsseldorf, da der Initiator die Sachlage naturgemäß anders einschätzt. Die Mitgesellschafter und eingeschalteten **Anwälte versuchen aktuell, weitere Kläger zu gewinnen.** Eile ist geboten. Die Verjährungsfrist läuft Mitte August ab.

Zu viel Vertrauen

Der Fall zeigt, dass Bensken **zu vertrauensselig** war. Er zeichnete den Fonds über einen freien Berater, den er seit vielen Jahren kannte. Bislang hatte dieser ein gutes Händchen bei der Auswahl der Produkte gehabt. Doch auch hier ist die Schuldfrage nicht eindeutig zu klären. Selbst bei intensivem Studium aller im Prospekt dargestellten Fakten wären der Berater und Bensken am Ende nicht schlauer gewesen. Die Bilanzanalyse des Dortmunder Vereins gehörte nicht zum Prüfungsumfang.

Nicht auf die Finanzschwachen

Wer sein Geld verloren hat, sucht verständlicherweise gerne nach einem Schuldigen. Unter den spezialisierten Anwälten ist längst geklärt, dass sie **am liebsten die großen Banken, bonitätsstarke Initiatoren oder etablierte Vertriebe verklagen.** Grund: Beim jeweiligen Berater, der dem Anleger das Produkt verkauft hat, ist finanziell wenig zu holen. Selbst wenn die Beweislage gegen den Vermögensberater eindeutig ist, lassen sich große Verlustbeträge gewöhnlich nicht vollstrecken. Nur wenn der Berater eine Vermögensschadenshaftpflicht abgeschlossen hat, besteht eine Chance für den Anleger an sein Geld zu kommen. Doch diese Versicherung ist keine Pflicht für freie Berater.

Anleger können hoffen

Bis Anfang der 90er Jahre traute sich kaum ein Bankkunde und Anleger, seine Bank auf Regress wegen Fehlberatung zu verklagen. Erst 1993 änderte sich die Situation. Der Bundesgerichtshof entschied im legendären „Bond-Urteil", dass Anlageberater zu einer anleger- und anlagegerechten Beratung verpflichtet sind. Die Interessen des Anlegers sind vom Berater penibel zu beachten. Nach diesem „Paukenschlag" spezialisierten sich verschiedene Anwälte, um vermeintlich geschädigten Kunden zu „ihrem Recht" zu verhelfen – oft mit Erfolg. **In den letzten 12 Jahren hat sich eine umfassende Rechtsprechung entwickelt.**

Sehr anlegerfreundlich reagieren Gerichte, wenn über die Risiken der Anlage nicht ausreichend aufgeklärt wurde. Der Initiator und Verkäufer der Produkte ist nämlich verpflichtet, auf alle für die Anlage relevanten Eigenschaften und Risiken hinzuweisen.

Das Landgericht Stuttgart (12 O 436/04) hat beispielsweise die Landesbank Baden-Württemberg zu mehr als 800.000 € Schadensersatz verurteilt. Die Klägerin hatte nach einer Beratung einen hauseigenen Fonds gezeichnet. Die Richter begründeten ihr Urteil u. a. damit, dass der Verkaufsprospekt der Anlegerin nicht angeboten wurde. Folge: Die Bank ist ihrer Informationspflicht nicht nachgekommen. Das Landgericht Göttingen urteilte vor einem Jahr ähnlich (2 O 14/04). Ein Fondsanbieter hatte versäumt, auf das Totalverlustrisiko hinzuweisen. Damit wurde Schadensersatz fällig.

Viele Berater wissen nicht, dass sie eine **Informationspflicht bei Negativpresse haben.** Wenn die einschlägigen Branchenblätter vor einer Investition warnen, so muss der Berater seine Kunden darauf hinweisen. Dabei hilft auch nicht die Argumentation, dass der Berater von den Negativmeldungen nichts wusste. Im Gegenteil: Er ist verpflichtet, die wesentlichen Publikationen zu lesen. Diese Rechtsmeinung wird von vielen Gerichten vertreten (z. B: OLG Hamm 25 U 144/02).

Wie auf hoher See

Trotz dieser eindeutigen Rechtssprechung ist es kein „Spaziergang", sein Geld zurück zu erhalten. Dies zeigt das Beispiel von Petra Foris. Von einem Bekannten wurde sie zu einem Seminar eingeladen. Die Botschaft: **Kaufe Aktien**, denn die bringen langfristig nur Gewinne.

Die Argumente überzeugten – Frau Foris wurde aktive **Aktienfondsanlegerin**. Der selbstständige Berater, der sie betreute, hielt guten Kontakt zu ihr. Zunächst lief alles glatt. Die Kurse stiegen und ein Ende des Börsenaufschwungs war nicht in Sicht. Die Unternehmerin wurde mutiger. Nicht nur breit streuende Fonds wurden erworben, sondern auch stark Internet- und Technologiefonds. Der Berater setzte noch eins drauf: Wenn sie zu den vorhandenen 500.000 € noch die gleiche Summe über eine Schweizer Bank als Kredit aufnähme, bräuchte bald nicht mehr zu arbeiten.

Das Drama begann mit dem **Kursverfall an den Aktienmärkten**. Zunächst meldete sich der Berater nicht. Nervös geworden, nahm die Firmenchefin Kontakt zu ihm auf. Er beruhigte und sprach von einer „kleinen Kursdelle". Jetzt – so die Argumentation – sei eine gute Gelegenheit zum Umschichten von konservativen Werten in Aktienfonds. Besonders die Technologiewerte seien attraktiv. Es kam, wie es kommen musste: Nachdem die Börse am Boden war, meldete sich die Bank und wollte **zusätzliche Sicherheiten**. Von den 1 Mio. € Gesamtinvestition blieben noch 385.000 € übrig. Aber: Der Kredit blieb bei 500.000 € stehen.

Auch Frau Foris ging vor Gericht: Trotz der Hilfe eines spezialisierten Anwalts gab es jedoch kein Geld zurück. Das Argument der Richter: Sie sei Unternehmerin und kenne die Wirkung von Finanzierungsgeschäften. Außerdem hätte sie nicht überzeugend dargelegt, dass der Berater sie unzureichend aufgeklärt hatte. Das Problem: Es waren nur wenige Worte über die **Funktionsweise des „Hebelgeschäfts"** gesprochen worden – Frau Foris hatte nicht realisiert, worauf sie sich einließ.

Die Richter ließen auch nicht gelten, dass die Betreuung des Beraters fehlerhaft war. Frau Foris hätte ja den Verlauf des Depots selbst via Internet beobachten können. Am Ende blieb ein bitterer Nachgeschmack: Obwohl sich die Unternehmerin eindeutig im Recht fühlte, blieb sie auf ihren Verlusten und den Anwaltskosten sitzen. Anlegern eines norddeutschen Kreditinstituts ging es vor Gericht besser. Sie konnten ihre Verluste zurückfordern. Mehrere Bankberater hatten – ohne ausreichend aufzuklären – ihren Kunden empfohlen, Neue-Markt-Aktien auf Kredit zu kaufen.

Suche nach guten Beratern

Die Praxisfälle zeigen: Bei Anlageberatung geht es nicht ohne Vertrauen, aber **blindes Vertrauen ist für Ver-**mögende fahrlässig. Daher sollten Vermögende und Unternehmer folgende Regeln beachtet:

Beratung bedeutet Kommunikation – und diese ist „flüchtig". Ohne Dokumentation kann niemand wirklich beweisen, ob alle wichtigen Fakten berücksichtigt wurden. Seriöse Berater **dokumentieren** daher sämtliche Beratungspunkte und legen sie ihren Kunden zur Prüfung noch einmal vor. Anleger sollten daher ein Beratungsprotokoll von ihren Beratern einfordern. Wenn diese sich weigern, ist dies ein Warnsignal für den Ratsuchenden.

Vermögende und Unternehmer sollten sich Berater suchen, die auf gleicher „Augenhöhe" sind. Ein Blick auf die Ausbildung und die Fachabschlüsse sind daher wichtig. Ein gutes Indiz für fachlich herausragende Berater:: der Certified Financial Planner (CFP). Vermögensberater mit diesem Siegel müssen sich regelmäßig weiterbilden und erhalten den Titel nur nach Studium und absolvierter Prüfung. Sie arbeiten mit einem speziellen Beratungsansatz, der „Finanzplanung", der für die Bedürfnisse von Unternehmern passend ist. Eine Datenbank findet sich im Internet unter www.cfp.de. Zertifizierte Berater arbeiten meist als Selbständige oder bei Banken und Vermögensverwaltern.

Interessenskonflikte

Wer sich an Berater wendet, die sich aus dem Verkauf von Produkten finanzieren, muss den damit verbundenen **Interessenskonflikt berücksichtigen**. Macht der Berater keinen Vertragsabschluss, verdient er oder sein Arbeitgeber kein Geld. Es ist leider festzustellen, dass es unter dem Mantel „Beratung" meistens nur um den Vertrieb von Produkten (mit anhängender Aufklärung) geht.

Wer als Anleger diesen Konflikt vermeiden will, muss sich an **Honorarberater** wenden, von denen es in Deutschland nur wenige gibt. Diese vereinbaren mit ihren Mandanten wie ein Steuerberater oder Rechtsanwalt Honorare. Die Honorarmodelle sind unterschiedlich. Häufig hängen sie vom Vermögensvolumen und der Beratungszeit ab. Die Spannbreite bei den Stundenhonoraren liegt zwischen 150 € und 250 €. Die Experten unter den Honorarberatern rechnen bis zu 400 € je Stunde ab. Im Gegenzug sparen Anleger die Provisionen, Ausgabeaufschläge und Agio, die in der Mehrzahl von Finanzprodukten integriert sind.

▶ **Fazit:** Wer nicht versteht, wie die Anlage, in die er investieren soll, wirklich funktioniert, sollte die Finger davon lassen. Lieber eine Chance verpassen, weil keine Zeit zum Prüfen des Angebots vorhanden war, als am Ende vor einem Scherbenhaufen zu stehen. Anlageberatung ist also nicht nur Vertrauenssache. Auch der Anleger ist in der Pflicht, dass das Ergebnis erfolgreich ist.

FB vom 04.07.2005

www.fuchsbriefe.de

Vermögensaufbau

Finanzielle Freiheit

„Finanzielle Freiheit" – dies verbinden viele Unternehmer mit dem Traum, genug Geld auf die Seite gelegt zu haben, um nicht mehr vom Unternehmenserfolg abhängig zu sein. Doch wann ist das Ziel erreicht? **Bei welchem Kapitalbetrag hat man „finanziell ausgesorgt"?** Häufig fehlt mittelständischen Unternehmern darüber eine klare Vorstellung. So kommt es in der Beratungspraxis schon mal vor, dass das Ziel bereits seit Jahren erreicht ist – unbemerkt von Unternehmerin und Unternehmer. Andere Selbständige denken, gut vorgesorgt zu haben – und werden dann bitter enttäuscht.

Fall aus der Praxis

Gerald Bunnenberg ist 53 Jahre alt und hat in über 20 Jahren seine Firma aufgebaut. Sein jährliches Einkommen vor Steuerabzug beträgt seit etlichen Jahren ca. 500.000 €. Beträchtliche Vermögenswerte sind aber trotzdem nicht vorhanden. Grund: Mit seiner Ehescheidung vor wenigen Jahren ging ein großer Teil des angesammelten Vermögens auf die Frau über, die auch am Unternehmenserfolg maßgeblich beteiligt war und mit einer Vermögenszahlung abgefunden wurde. Sein Vermögen ist daher überschaubar: Derzeit sind 180.000 € bei einer Vermögensverwaltung deponiert, 50% davon in festverzinsliche Wertpapiere. Die andere Hälfte steckt in internationalen Aktien. Weiterhin hat er eine Lebensversicherung, die er regelmäßig bespart.

Bunnenberg stellt sich seit längerem die Frage, wie lange er noch arbeiten muss. Den **Wert seines Einzelunternehmens** schätzt er auf ca. 2 Mio. €, nach Rücksprache mit dem steuerlichen Berater rechnet er sicherheitshalber nur mit einem Erlös von 1 Mio. € nach Steuern. Problem: Sicher ist sich der Mittfünfziger nicht, ob der Preis wirklich realisierbar ist. Denn der Unternehmenserfolg hängt stark von seiner Person ab, außerdem operiert er in einem schwierigen Marktumfeld.

Mit 60 ist Schluss

Spätestens zum 60. Lebensjahr will er nicht mehr arbeiten. Beim Abschluss seiner Lebensversicherung hatte er noch anders geplant. Diese wird erst fünf Jahre später fällig. Die Ablaufleistung soll derzeit 240.000 € betragen. Von dem laufenden Einkommen kann er pro Jahr gut 100.000 € zurücklegen. Der Rest geht für die Lebenshaltung etc. drauf. Rentenansprüche aus der gesetzlichen oder einer betrieblichen Versorgung existieren nicht.

Gerald Bunnenberg will im Ruhestand **pro Monat 8.000 € netto** zur Verfügung haben. Schließlich möchte er dann nicht jeden Euro vor dem Ausgeben umdrehen.

Genau nachrechnen

Trotz des scheidungsbedingten „Vermögensverlusts" glaubt er, dass das in sieben Jahren vorhandene Vermögen ausreicht, um sein Ziel zu erreichen. Der beauftragte Finanzplaner rechnet nach: Gerald Bunnenberg hat nur teilweise Recht. Das **Geld reicht, wenn er nicht viel älter als 85 Jahre alt wird.** Dann ist das Geld verbraucht. Wird er 90 Jahre alt, benötigt er 3.100.000 €. Kalkuliert er mit 100 Jahren, müssen in sieben Jahren gut 4.000.000 zur Verfügung stehen.

Viele Unbekannte

Die Rechnung hat etliche Unbekannte: Zunächst wissen der Unternehmer und sein Berater nicht, wie sich die Lebenshaltungskosten entwickeln werden. Inflationsraten von zwei bis drei Prozent sind realistisch. Beide einigen sich auf die Mitte und rechnen mit 2,5%.

Weiter muss festgelegt werden, **welche Kapitalverzinsung** zu Grunde gelegt werden sollte. Dabei könnte die Ansparphase und die Rentenphase unterschieden werden. Für die erste Hochrechnung setzen beide eine **Rendite in Höhe von 3% nach Steuern** an.

Das entscheidende Kriterium ist aber die **Lebensdauer des Unternehmers.** Laut Sterbetafel von 1986 wird Herr Bunnenberg 76 Jahre alt. Doch dieser Wert ist veraltet. Die Profis in den Versicherungsgesellschaften rechnen mit einem zu erwartenden Lebensalter von 84,5 Jahren. Aber was nützt dem künftigen Ruheständler die Nachricht, dass der Durchschnitt der Gleichaltrigen zu diesem Zeitpunkt sterben wird. Für ihn ist entscheidend, dass er bis zum Rest seines Lebens Geld hat. Folge: Er rechnet mit 100. Lebensjahren.

Seine Alternative: Er wälzt das Risiko auf eine **Leibrentenversicherung** ab. Diese will von dem dann 60-jährigen Ruheständler einen Betrag in Höhe von ca. 2.400.000 €, damit 8.000 € netto (nach Steuerzahlungen) zur Verfügung stehen. Doch richtig „schmecken" will ihm das Produkt nicht. Schließlich ist das Geld nach Ablauf einer Rentengarantiezeit (z. B. fünf Jahre) weg, wenn er früh stirbt. Zwar ist das Vermögen für den Ruhestand gedacht – was übrig bleibt, sollte aber an seinen jetzt 30 Jahre alten Sohn vererbt werden.

Dem Unternehmer wird nach den ersten Berechnungen klar, dass sein Ziel mit Kompromissen erreichbar ist. Will er ohne Versicherungslösung arbeiten, muss er über einige „Stellschrauben" nachdenken:

1. Er kann seine Lebenshaltungskosten im Alter etwas drücken. Wenn er die 8.000 € Monatsausgaben um 15 % drücken kann, reicht das Geld schon knapp bis zum 90. Lebensjahr.

2. Er kann später in den Ruhestand gehen. 2 Jahre länger arbeiten und er kann 95 Jahre alt werden und monatlich 8.000 € nach heutiger Kaufkraft ausgeben.

3. Er erhöht seinen Sparbeitrag. Statt 100.000 € legt er 140.000 € beiseite. Solange er erwerbstätig ist, müsste dies möglich sein. Trotzdem: Auch der Anlagebetrag reicht dann nicht, um 100 Jahre alt zu werden. Mit 94 wäre das Geld wohl verbraucht.

Von den genannten Alternativen kommt für Bunnenberg nur die zweite Variante in Frage. Seine Ansprüche an die Lebenshaltung will er nicht zurückschrauben.

Risiko Unternehmensverkauf

Doch wie sieht es aus, wenn er sein Unternehmen nicht zum gewünschten Preis verkaufen kann. Angenommen, nur 500.000 € sind in sieben Jahren realisierbar, fehlt dieser Betrag als Ruhestandskapital. Dann droht dem Unternehmer schon nach den ersten 20 Jahren der finanzielle Engpass. In der Beratung wird deutlich: Der Weg zur finanziellen Freiheit ist für Herrn Bunnenberg kein „easy going". Vielmehr sind **finanzielle Disziplin und eine gute Anlagestrategie** nötig. Motto der nächsten Jahre: Aktiv Geld beiseite legen, gute Einkommensverhältnisse nutzen und passende Anlageformen finden.

Im Dialog mit dem Steuerberater werden Anlagen gesucht, die steuerliche Erträge in die Zeit des Ruhestands verschieben. Darüber hinaus können Kapitalanlagen mit ausländischen Einkünften hinzugezogen werden. Damit werden die steuerpflichtigen Kapitalerträge reduziert.

Für den eher sicherheitsorientierten Anlageteil werden offene **Immobilienfonds** gewählt. Schwerpunkte bilden dabei Fonds mit europäischen und außereuropäischen Immobilien. Zudem wird diskutiert, ob die Privilegien der Lebensversicherungen genutzt werden sollten. Nachteil dabei: Die Verträge müssen mindestens 12 Jahre laufen. Das sind fünf Jahre mehr als der Unternehmer noch arbeiten will.

Deshalb soll der Ruhestand in zwei Phasen aufgeteilt werden. In der ersten Phase wird eine Investmentfondsstrategie umgesetzt. Die zweite Phase, die erst in 12 Jahren beginnt, nutzt die Steuerfreiheit von **Lebensversicherungen** (Hinweis: Gesetzesänderung 2005: Absatz wurde aktualisiert).

Immobilienkauf?

Auf Anraten des Finanzplaners wird auch der Erwerb einer vermieteten Immobilie untersucht. Mit einer guten Finanzierungsstrategie könnten in den nächsten Jahren, in denen die Steuerlast noch hoch ist, Werbungskosten „produziert" werden. In sieben Jahren können dann die Darlehen abgelöst werden und die Mieterträge bilden einen Rentenbaustein. In den Szenariorechnungen wird deutlich, dass diese Variante „Charme" hat. Ein **möglicher Mietausfall** muss aber ins Kalkül gezogen werden.

▸ **Fazit:** Für das Erreichen der finanziellen Freiheit ist besonders eine Aktivität des Unternehmers wichtig: Frühzeitig planen, damit es kein böses Erwachen gibt – oder der Zeitpunkt, an dem der Ruhestand beginnen könnte, nicht „verschlafen" wird.

Situation bei Rentenbeginn		Inflation				Inflation			Inflation		
		2,0%	2,5%	3,0%		2,0%	2,5%	3,0%	2,0%	2,5%	3,0%
bei Lebenserwartung	80	Kapitalbedarf mit Kapitalverzehr			Vermögen zum Ruhestandsbeginn	Deckungslücke			Sparbetrag (mtl.), um Deckungslücke auszugleichen		
und Kapitalverzinsung	2,0%	1.954.790 €	2.116.533 €	2.292.580 €	1.424.139 €	530.652 €	692.394 €	868.442 €	5.948 €	7.761 €	9.735 €
vor Rentenbeginn	3,0%	1.954.790 €	2.116.533 €	2.292.580 €	1.428.403 €	526.387 €	688.130 €	864.177 €	5.725 €	7.484 €	9.398 €
	4,0%	1.954.790 €	2.116.533 €	2.292.580 €	1.434.130 €	520.660 €	682.403 €	858.450 €	5.493 €	7.200 €	9.057 €
bei Lebenserwartung	90	... mit Kapitalverzehr			Vermögen	Deckungslücke			Sparbetrag (mtl.)		
und Kapitalverzinsung	2,0%	2.798.121 €	3.100.015 €	3.438.871 €	1.424.139 €	1.373.982 €	1.675.876 €	2.014.732 €	15.401 €	18.785 €	22.584 €
vor Rentenbeginn	3,0%	2.798.121 €	3.100.015 €	3.438.871 €	1.428.403 €	1.369.718 €	1.671.611 €	2.010.467 €	14.896 €	18.180 €	21.865 €
	4,0%	2.798.121 €	3.100.015 €	3.438.871 €	1.434.130 €	1.363.991 €	1.665.885 €	2.004.740 €	14.391 €	17.576 €	21.152 €
bei Lebenserwartung	100	... mit Kapitalverzehr			Vermögen	Deckungslücke			Sparbetrag (mtl.)		
und Kapitalverzinsung	2,0%	3.563.061 €	4.036.784 €	4.585.161 €	1.424.139 €	2.138.922 €	2.612.645 €	3.161.022 €	23.976 €	29.286 €	35.433 €
vor Rentenbeginn	3,0%	3.563.061 €	4.036.784 €	4.585.161 €	1.428.403 €	2.134.658 €	2.608.381 €	3.156.757 €	23.216 €	28.368 €	34.331 €
	4,0%	3.563.061 €	4.036.784 €	4.585.161 €	1.434.130 €	2.128.931 €	2.602.654 €	3.151.031 €	22.462 €	27.460 €	33.246 €

Daten der Berechnung: Heutiges Alter: 53, Rentenbeginn: 60, Gewünschte Rente nach heutiger Kaufkraft: 8.000 €, Geldzuflüsse: 1.000.000.000 € im Alter von 60 Jahren, 240.000 € im Alter von 65 Jahren, zusätzliche Investitionen: keine

FB vom 03.05.2004

Ruhestand

Voller Genuss

Viele mittelständische Unternehmer kommen in der zweiten Lebenshälfte zu der Frage, wie es mit der Firma weitergehen soll. Mit harter Arbeit, Glück und Verstand hat sich der Wert des Unternehmens zu einem zweistelligen Millionenbetrag entwickelt und jetzt soll das Vermögen genossen werden. Nicht selten findet sich auch ein potenter Käufer für die Firma, der dafür sorgt, dass das geschaffene Vermögen auch auf dem Konto zu erkennen ist. Zum Beispiel erwirbt ein Konzern oder eine Risikokapitalfirma die Beteiligung. Der alte Chef, der mit viel Herzblut seine Firma aufgebaut hat, darf als „Berater" ein oder zwei Jahre dabei sein und danach beginnt die Suche nach einem ausgefülltem Leben im Ruhestand.

Fall aus der Praxis

Sigrid und Frank Beutler, beide 60 Jahre alt, haben mit ihrer mittelständischen Unternehmensgruppe vor gut 28 Jahren begonnen. In der kleinen Werkstatt sind die ersten Ideen entstanden, die den Grundstock für den weltweiten Markterfolg gelegt haben. Mehrere Patente, die Beutlers international schützen ließen, haben dafür gesorgt, dass selbst große Konzerne auf das Know-how und die Technik der Beutlers zurückgreifen mussten. Das Unternehmen ist gut strukturiert, insgesamt sind mehr als 900 Mitarbeiter in Fertigung, Forschung und Vertrieb beschäftigt.

Ohne Frage ging es Beutlers bisher finanziell nicht schlecht. Die jährlichen Gewinne haben den teilweise luxuriösen **Lebensstil möglich gemacht. So soll es auch im Ruhestand weitergehen.** Dieser steht vor der Tür, da die Kaufverhandlungen mit einem Investor abgeschlossen sind. Nach Steuerzahlungen werden dem Ehepaar **gut 22 Mio. € in die Kassen fließen,** die dann passend angelegt werden sollen. Deshalb wollen sich die Eheleute um mögliche Anlagen kümmern.

Das Vermögen, das bislang in Immobilien und Wertpapierdepots angelegt ist, beläuft sich auf gut 4 Mio. €. In den letzten 10 Jahren haben Beutlers etwas risikoreicher investiert. Mehr als 1,5 Mio. Eigenkapital gingen für so genannte „private placements" im Bereich Venture Capital drauf. Die Empfehlung eines Freundes, hier großes Geld zu machen, erwies sich als kompletter Fehlschlag. Drei Immobilien in den neuen Bundesländern, Anfang der 90er Jahre erworben, sind nur noch zwei Drittel der Anschaffungskosten wert, wobei die Steuerersparnisse aus früheren Jahren die Bilanz etwas verbessern. Ende diesen Jahres sind die Objekte schuldenfrei. Die Nettomieten werden gut 53.000 € pro Jahr betragen. Nach Abzug von Steuern und Instandhaltung müssten gut 25.000 € übrig bleiben.

Auf den schönsten Plätzen

Beutlers haben im Ruhestand viel vor: Beide sind begeisterte Golfer, haben ihren Sport aus ihrer Sicht viel zu wenig genossen. Darüber hinaus sind sie mit ihrem Handicap unzufrieden. Der gemeinsame – jetzt zu realisierende – Traum: Sie nehmen sich einen eigenen Golflehrer und fliegen mit ihm gemeinsam an die schönsten Plätze der Welt. Dort wollen sie, solange es möglich ist, ihren Reichtum genießen und „aus dem Vollen schöpfen". **Großzügig kalkuliert wollen sie pro Jahr 500.000 € ausgeben,** um dieses schöne Leben genießen zu können. Sollten sie weniger verbrauchen, werden sie die Differenz für wohltätige Zwecke spenden. Unabhängig davon ist ein ordentlicher Betrag des Jahresbudgets für karikative Einrichtungen vorgesehen – diese Großzügigkeit hat Tradition bei Beutlers.

Das Unternehmerehepaar wendet sich auf Empfehlung ihres Steuerberaters an einen **professionellen Ruhestandsplaner,** der unabhängig von Finanzprodukten die Realisierung der Wünsche begleitet. Beutlers nehmen sich einen halben Tag Zeit, um mit ihm die Lage zu sondieren. Im Gespräch wird deutlich, dass sich die Eheleute über die Anlagestrategie und die Dauer der Geldanlage äußerst unklar sind. Sigrid Beutler denkt langfristig und will nur vom Vermögen leben. Am Ende ihrer Lebenstage soll das gesamte Geld noch für die Kinder da sein. Die drei Söhne sind zwar erfolgreich im Beruf und benötigen das Geld der Eltern nicht. Dennoch ist es der Mutter wichtig, dass das Vermögen erhalten wird. Mehr noch: Eigentlich sollte es weiter wachsen und für die nächsten Generationen zur Verfügung stehen.

Jetzt leben!

Vater Beutler hat eine andere Sicht. Ihm geht es darum, jetzt gut zu leben. **Ob die Kinder später ein oder zwei „Milliönchen" mehr oder weniger erben, ist ihm letztlich egal.** Der Finanzplaner moderiert das Gespräch, ohne Partei zu ergreifen: „Vielleicht ist es möglich, beide Ziele in Einklang zu bringen!" Eine überschlägige Rechnung lässt dies vermuten. Eines kann der Planer schon jetzt vorhersagen: Wenn die Eheleute ihre Vermögensnachfolge, also den Übergang ihres beträchtlichen Vermögens auf die Kinder, nicht professionell angehen, ist ein erheblicher Teil der Werte in Gefahr. Der Fiskus wird im ungünstigen Fall einen siebenstelligen Betrag im Rahmen der Erbschaftsteuer fordern.

Ein weiterer Aspekt wird besprochen: Der Steuerberater hatte die Eheleute auf den Kollegen deswegen verwiesen, da er die **immens hohe Steuerzahlung durch den Unternehmensverkauf** für dieses Jahr errechnet hatte. Hier stellt sich die Frage, ob durch geschickte Investitionen im Vermögensbereich zumindest teilweise Steuern gespart werden können. Problem: Die Eheleute haben schon genug Geld in Steuersparmodellen „verbrannt" und sind skeptisch. Aber vielleicht – so die Überlegungen – können durch ausgewählte Kapitalanlagen wenigstens drei- oder vierhunderttausend Euro ohne Fiskusbeteiligung „gerettet werden".

In der Mitte des Gesprächs mit dem Vermögensexperten wird deutlich: Beutlers haben ein kleines „Projekt" vor sich. Die Anlage des Verkaufserlös muss nicht nur den Liquiditätsanforderungen entsprechen. Die Anlageentscheidung muss zwei steuerliche Gesichtspunkte berücksichtigen: Die **Einkommensteuer in diesem und die Erbschaftsteuer in späteren Jahren.** Zum Glück ist bis zum „Geldsegen" und den Steuerzahlungen noch etwas Zeitfür die Gestaltung des Beutler-Vermögens.

Ziel erreichbar!

Der wichtigste Punkt im Gespräch ist die Antwort auf die Frage, ob sie ihren Traum vom „genussreichen Ruhestand" erfüllen können. Die Antwort lautet: Ja! Eine halbe Million Euro pro Jahr zum Leben mit allen Nebenkosten sind ohne Weiteres bezahlbar. Die zweite Frage: Wird das Vermögen angetastet oder **können Beutlers von den Zinsen leben?** Hier ist die Antwort nicht so eindeutig: Es kommt auf die Rendite ihres Vermögens an, aber bei halbwegs „intelligenter Anlage" ist auch dieses Ziel zu erreichen. Dabei spielen aber einige Faktoren eine wichtige Rolle: Welche Rendite werden Beutlers mit ihrem Vermögen nach Steuern erzielen? Wie hoch sind die Steigerungen der Lebenshaltungskosten? Wie lange werden Beutlers leben? Und: Wie lange werden sie ihr Ausgabeverhalten beibehalten? Schließlich können auch Situationen eintreten, dass beide das „genussreiche" Leben satt haben und mit der Hälfte der Aufwendungen auskommen.

Doch die Situation ist komfortabel: Bei einer Inflation von 3% und einer Rendite nach Steuern in Höhe von 3,5 % können beide 100 Jahre alt werden. Dann sind weiterhin 20.000.000 € Vermögen vorhanden, die vererbt werden könnten. Allerdings sind diese Vermögenswerte dann längst nicht mehr das wert, was das Unternehmerpaar sich heute von diesem Betrag kaufen könnte. **Bei einer dreiprozentigen Inflation hat sich die Kaufkraft um zwei Drittel reduziert!** Nun geht die Diskussion weiter: Was meinte Frau Beutler mit ihrer Forderung, dass das Vermögen möglichst nicht angekratzt werden sollte? Den Nominalwert (das ist erreichbar) oder den Realwert, also den Wert in heutiger Kaufkraft (das ist ohne Weiteres nicht erreichbar)?

Den Eheleuten „zum Trost": Wenn Sie in 15 Jahren vom Genuss genug haben und sie ihre Ausgaben um 40 Prozent reduzieren, sind – so die Rechnung – zum 100. Geburtstag 38 Millionen Euro auf dem Konto. Das ist zwar längst nicht die Kaufkraft des heutigen Vermögens, aber immerhin mehr als die Hälfte.

Viele Unbekannte

Bei so vielen Unbekannten über die Entwicklung der Märkte, der Volkswirtschaften und des Lebens der Beutlers kann es auch nicht darum gehen, alles bis zum Ende durchzuplanen. Dies führt zu einer gefährlichen Scheinsicherheit. Jetzt müssen die Weichen für die finanzielle Zukunft gestellt werden. Dazu gehört auch, für den Fall des Todes vorzusorgen. Als die Eheleute den Erbvertrag, den sie vor vielen Jahren geschlossen haben, prüfen, bemerken sie eine weitere Baustelle. Die Kinder sind quasi „enterbt", da für den ersten Erbgang keine guten Regelungen gefunden wurden. Die **Kinder könnten die Pflichtteile fordern** – der überlebende Ehegatte hat diese in Geld zu leisten. Dieses Geld stünde dann zum Leben nicht zu Verfügung.

Darüber hinaus gehört der Großteil des jetzt zur Disposition stehenden Unternehmens Frau Beutler. Die Eheleute überlegen nun, ob sie ihre Vermögensbilanz „ausgleichen", d. h. dass jeder gleich viel Vermögen besitzt. Der Finanzplaner entwirft mit dem Steuerberater einen genauen Zeitplan, wann welche Vermögensteile zum Ehemann transferiert werden. Hier kommt wieder die Expertise des Vermögensexperten zum Tragen: Es gilt **Vermögensanlagen herauszusuchen, die aus schenkungssteuerlicher Sicht privilegiert sind.**

Am Ende von fünf gemeinsamen Sitzungen, an denen Beutlers, der Steuerberater, der Vermögensplaner und teilweise der Notar teilgenommen haben, steht die Gesamtstrategie. Die erwartete Rendite des Vermögens wird nach Steuern mehr als 4% betragen. Die Risiken sind für die Eheleute gut einzugehen. Ein hohes Verlustrisiko besteht langfristig nicht. Die Anlagestrategie sieht eine Mischung aus vielen Vermögensarten vor:

Dabei werden **klassische Wertpapierinvestments und Immobilien genutzt, ebenso die steuerlichen Privilegien der Lebensversicherungen,** die noch dieses Jahr gelten. Das Argument: „Wir sind zu alt für Lebensversicherungen!" konnte schnell entkräftet werden, denn es fallen keine Risikokosten für Beutlers Lösung an. Besonders berücksichtigt wurde, dass die Eheleute ihre Ausgaben in den nächsten Jahren hauptsächlich im US-Dollar-Raum tätigen werden. Daher wurden die Anlagen so getätigt, dass ein großer Teil der **Währungsrisiken eliminiert** sind. Zusätzlich wurde diskutiert, durch die Hinzunahme weiterer Vermögensarten das Risiko noch breiter zu streuen (z. B. Einzelpolicen US-Lebensversicherungen, gebrauchte Schiffsbeteiligungen).

Einmal im Vierteljahr gibt es einen „Conference-Call" zwischen Beutlers und ihren Beratern. Dann wird besprochen, ob die Vermögensanlagen gut auf Kurs sind – und wie das Leben auf den schönsten Golfplätzen der Welt so ist.

FB vom 19.07.2004

Ruhestandsplanung

Rürup für Selbstständige

Mit dem 1. Januar 2005 begann das Jahr Eins nach der Reform der Rentenbesteuerung. Der Boom für Lebens- und Rentenversicherungen nach altem Recht führte zu Erfolgsmeldungen im vierten Quartal 2004 bei Versicherungsgesellschaften und Vertrieben. Nun rüsten sich Vertriebe, Banken und Finanzmakler, um das neue **Alterseinkünftegesetz in praktische Verkaufserfolge umzuwandeln.** Besonders Unternehmer gelten als „vorrangig zu bearbeitende" Zielgruppe, schließlich müssen diese ihre Altersversorgung zumeist ohne den Staat und seine Rentenversicherung regeln.

Doch wer genau hinsieht, muss feststellen, dass viele Berater und Vertriebler die neue Rechtslage nicht durchschaut haben. **Halbwissen und Kenntnisse aus schlecht recherchierten Artikeln kursieren am Markt.** Die Gefahr ist groß, dass Vertragsabschlüsse, die in diesen Tagen getätigt werden, auf wankendem Grund getätigt werden.

Steuersparen – ja bitte!

Geht es nach der Assekuranz, sollen sich die neuen „Basisrenten" nach Rürup als Verkaufsschlager erweisen. Diese sind spezielle Leibrentenversicherungen, die die Versicherungs-gesellschaften neu entwickelt haben. Ein Fachmagazin, das sich in diesen Tagen an den „kompetenten Finanzberater" richtet, postuliert, dass besonders Unternehmer und Selbstständige die neue Rürup-Rente zeichnen sollten. Grund: Die hohen Steuervorteile. Ledige können **bis zu 20.000 € pro Jahr in diese neue Versicherungsform einzahlen.** Zusammenveranlagte Ehegatten können die doppelte Summe investieren. Davon sind im Jahr 2005 60% der Beiträge von der Steuer abzugsfähig. Jedes Jahr erhöht sich diese Steuerersparnis um 2 Prozentpunkte. Im Jahr 2020 sind z. B. 90% des Beitrags abzugsfähig.

Mit der neuen Regelung zur Abzugsfähigkeit der Prämien hat sich auch die **Besteuerung im Rentenalter geändert.** Wer einen Rürup-Versicherungsvertrag abschließt, muss je nach Lebensalter einen bestimmten Anteil seiner Rente bei der Steuer angeben (siehe Tabelle).

Nun ist der **deutsche Anleger** dafür bekannt, dass er **mit dem Argument „Steuern sparen" schnell zu ködern** ist. „Hauptsache, das Finanzamt bekommt nichts" ist oft als Entscheidungsgrund bei Kapitalanlagen zu hören gewesen. Eine ganze Branche hat diese Mentalität nutzen können und sich mit Schiffen, Flugzeugen, Filmen und anderen Produkten eine goldene Nase verdient. Und auch heute zieht dieses Argument bei Anlageentscheidungen – wie Branchenkenner gern berichten.

Ein großer Haken

Die neue Basisrente hat jedoch einen Haken. Dieser blieb in den ersten Monaten nahezu unentdeckt und wird erst jetzt ausreichend durchleuchtet. Besonders Unternehmer sind betroffen, die ja als Zielgruppe der neuen Versicherungsverträge gelten sollten.

Beginn der Rente	Anteil der Rente, die der Steuer unterliegt	Beginn der Rente	Anteil der Rente, die der Steuer unterliegt
bis 2005	50%	2023	83%
2006	52%	2024	84%
2007	54%	2025	85%
2008	56%	2026	86%
2009	58%	2027	87%
2010	60%	2028	88%
2011	62%	2029	89%
2012	64%	2030	90%
2013	66%	2031	91%
2014	68%	2032	92%
2015	70%	2033	93%
2016	72%	2034	94%
2017	74%	2035	95%
2018	76%	2036	96%
2019	78%	2037	97%
2020	80%	2038	98%
2021	81%	2039	99%
2022	82%	2040	100%

Das Problem ist ein Automatismus, den der Gesetzgeber im § 10 Abs. 4a EStG eingebaut hat. Der Staat hatte eigentlich Gutes vor: Er wollte verhindern, dass ein Steuerpflichtiger durch die Neuregelungen stark benachteiligt wird. Schließlich haben viele bereits Finanzprodukte wie z. B. Lebensversicherungen als Vorsorgeinstrument abgeschlossen, und dieses nicht selten mit Blick auf die damaligen Steuergesetze. Daher formuliert der Staat im Juristendeutsch: „Ist in den Kalenderjahren 2005 bis 2019 der Abzug der Vorsorgeaufwendungen (..) günstiger, ist der sich danach ergebene Betrag (..) anzusetzen". Anders formuliert: Das Finanzamt prüft selbstständig, ob die alte Regelung nicht mehr Abzüge bringt. Und hier beginnt das Dilemma: **Es gibt nämlich kein Wahlrecht, sondern es ist eine gesetzliche Pflichtprüfung.**

Ein Fall aus der Praxis

Die einzelnen Berechnungen sind kompliziert und für den Laien nicht sonderlich verständlich. Interessant ist aber, dass ein Unternehmer, der im guten Glauben in die neue Versicherungsform investiert, mehr Nach-teile als Vorteile haben kann.

Ein Beispiel: Peter Zusnick ist Einzelunternehmer und hatte bisher keine Möglichkeiten, steuerlich bevorzugte

Rentenmodelle zu zeichnen. Von der gesetzlichen Versicherung hat er sich befreien lassen, die betriebliche Altersversorgung bleibt ihm versagt. Grund hierfür: Er hatte **sich für die „falsche" Rechtsform seines Unternehmens entschieden.**

Folglich freut ihn der Rat des Bankberaters: Er soll dieses Jahr 5.000 € in die neue Rürup-Rente investieren. In 13 Jahren, so die Argumente des Kreditinstituts, muss er die **Rente mit 86% besteuern. Jetzt aber sind bereits 3.000 € voll abzugsfähig.** Dies passt zu Zusnicks Lebensplanung. Er will noch gut 13 Jahre arbeiten, muss jetzt viel Steuern zahlen und meint, dass er noch etwas für die Rente tun müsste. Zusnick willigt also ein und zeichnet eine solche Police.

Verpuffung!

Zusnick, genauer sein Berater, hat die Rechnung ohne das Finanzamt gemacht. Da Zusnick bereits Lebensversicherungen abgeschlossen hat und natürlich auch Krankenversicherungen regelmäßig bedient, sind diese Beiträge mit heranzuziehen. Allein die Prämie für seine Krankenvorsorge beträgt 4.000 € pro Jahr. Diese ist weiterhin abzugsfähig und wird wegen der automatischen „Günstigerprüfung" auch in der Steuer angesetzt. Nicht gewünschter Nebeneffekt: Die **Abzugsfähigkeit der Rürup-Police,** nämlich 60% der 3.000 € Prämie, **verpuffen** in Zusnicks Steuerrechnung. Im Ergebnis zahlt er den neuen Versicherungsbeitrag aus voll versteuerten Einkommen. Schlimmer noch: Er muss die Rentenleistungen später fast vollständig versteuern.

Wer jetzt empfiehlt, die Prämien für die Krankenversicherung in der Steuer nicht anzugeben, damit die Rürup-Police berücksichtigt wird, macht eine „Milchmädchen-Rechnung". Zwar wird dann die Basisversorgung gefördert, dafür verpuffen aber die Beiträge in die Krankenversicherung. Immerhin: Das Problem verringert sich über die Zeit. Beträgt die „verpuffende" Rürup-Prämie in 2005 noch 4.448 € pro Jahr, so sinkt der Wert in 2012 auf unter 3.000 €. Vier Jahre später sind es weniger als 1.000 €, ab 2019 besteht dieses Manko nicht mehr.

Was tun?

Für Zusnick wird klar, dass seine schnelle Entscheidung nicht gut war. Mehr Zeit zum Nachdenken wäre ebenso gut gewesen wie die Suche nach einem kompetenten Berater. Empfehlung: Er sollte den **Abschluss schnell wieder rückgängig machen.** Schließlich sind die Widerrufsfristen für Versicherungen relativ kurz.

Dann sollte der Unternehmer alle Daten zusammentragen, die für seinen Ruhestand von Bedeutung sind. Wie viel braucht er zum Leben? Welche Kosten fallen im Alter weg, welche kommen hinzu? Welche Einnahmen sind im Alter bereits gesichert? Welches Vermögen hat er für die Ruhestandszeit reserviert, welche Ansparvorgänge laufen bereits mit Ziel „Altersrente"?

Wenn er diese Punkte hat und der Berater eine Hochrechnung für den Ruhestand gemacht hat, wird er eventuell feststellen, dass er schon längst genug für das Alter vorgesorgt hat. Vielleicht entdeckt er aber auch eine kräftige Deckungslücke.

Es gibt Alternativen

Erst jetzt stellt sich die Frage, wie er diese schließen will. Wer jetzt an Rürup denkt, ist immer noch zu schnell. **Nahezu die gesamte „Produktwelt" steht ihm zur Verfügung.** Deshalb ist es jetzt wichtig, darüber nachzudenken, wie sicher und flexibel er sein Geld anlegen will.

Variante „Sicher" könnte zur Leibrentenversicherung à la Rürup führen. Aber: Stirbt Zusnick während der Rentenphase, ist das Geld weg. Endet sein Leben sehr früh, „freut" sich die Versicherung, denn sie hat ein gutes Geschäft gemacht. Daher ist die Antwort auf die Frage wichtig, ob das vorhandene Geld bis zum Lebensalter von 100 und länger reicht. Wenn ja, braucht er keine Leibrentenversicherung – weder Rürup noch die Standardvariante.

Es geht auch ohne Rürup

Macht die „Wette" mit der Versicherung auf langes Leben Sinn, ist die Alternative eine **„gewöhnliche" Leibrenten-versicherung** (ohne „Rürup"), wie es sie schon seit Jahren am Markt gibt: Hier sind die **Prämien zwar nicht abzugsfähig, aber** es gibt andere Vorteile. Der Unternehmer kann seinen **Vertrag z. B. vererben,** er kann sich am Ende der Ansparzeit das **Kapital in einer Summe auszahlen** lassen oder die **Police als Sicherheit bei einer Bank hinterlegen.** Alles das ist bei der „Rürup-Version" nicht möglich. Wenn die Rente gezahlt wird, gibt es einen weiteren Vorteil gegenüber der Rürup-Rente: Der steuerpflichtige Anteil ist deutlich geringer. Geht Zusnick mit 65 in den Ruhestand, werden nur 18% der Jahresrente dem zu versteuernden Einkommen zugerechnet. Beträgt sein Steuersatz im Rentenalter z. B. 30%, so sind es also nur 5,4% Gesamtsteueranteil an der Rente.

Damit wird deutlich: Maßgeblich ist der Weitblick in der Planung. Die wichtigste Frage: **Wie sieht die steuerliche Belastung im Ruhestand aus?** Faustformel: Je höher die Differenz zwischen heutigem Steuersatz und (niedrigerem) Steuersatz im Rentenalter, desto mehr lohnt sich aus Renditesicht die „alte" Leib-rentenversicherung. Genau lässt sich dieses nur durch Detailplanungen ermitteln. Daher sind die Anforderungen an Berater und Versicherungsvermittler sehr hoch.

FB vom 04.04.2005

www.fuchsbriefe.de

Ruhestandsplanung

Reicht das Geld?

Der finanziell gesicherte Ruhestand ist für viele Unternehmer der Lohn harter Arbeit. Obwohl der Schritt von der Mühe zur Muße für manchen eine echte Herausforderung ist. Allein das Gefühl, nicht mehr arbeiten zu müssen, ist äußerst angenehm. In diesem Kontext gibt es viele Fragen, die mit dem Ruhestand verbunden sind: Reicht das Geld für mich und meine Familie? Werde ich noch etwas vererben können? Und: **Wie lege ich mein Alterskapital gut an?**

Ein Fall aus der Praxis

Die Unternehmensberater Peter und Elvira Tornsen wollen in diesem Jahr ihre Firma schließen und den Lebensabend möglichst lange genießen. Beide führen sehr erfolgreich ein Beratungsunternehmen in der Rechtsform einer GmbH. Peter ist vor eineinhalb Jahren erkrankt. Der 61-Jährige stellt fest, dass an eine Gesundung derzeit nicht zu denken ist. Daher soll **kurzfristig der Ruhestand eingeleitet** werden. Für diesen haben die Eheleute – so meinen sie – genug getan:

Fast 1,2 Mio. € stehen zur Versorgung zur Verfügung. Das Geld stammt zur Hälfte aus Lebensversicherungen, die jetzt fällig werden. In der Vergangenheit haben sich beide an Aktienanlagen „die Finger verbrannt". Der aktuelle Depotwert beträgt 350.000 €. 250.000 € sind in offenen Immobilienfonds angelegt.

Die Eheleute haben außerdem beide in die gesetzliche Rentenversicherung eingezahlt. Herr Tornsen erhält seit einigen Monaten eine Erwerbsunfähigkeitsrente in Höhe von knapp 600 €.

Der Steuerberater hat bereits frühzeitig auf die Möglichkeiten der Betrieblichen Altersversorgung hingewiesen. Daher wurde vor gut 13 Jahren eine Pensionszusage erteilt. Das Kapital zur Rückdeckung haben die Eheleute eigenständig in der GmbH aufgebaut. Gut 250.000 € stehen dafür jetzt zur Verfügung.

Kaufkraftverlust

Die Eheleute haben immer sparsam gelebt. Für ihren Ruhestand benötigen sie ca. 3.500 € im Monat. Dieser Betrag muss jährlich gesteigert werden, denn die **Lebenshaltungskosten steigen.** Würden die Eheleute diesen Effekt bei ihrer Planung vergessen, würden sie dies in einigen Jahren deutlich spüren. Je nach Inflationsrate muss nämlich in 10, 20 oder 30 Jahren folgender Betrag im Geldbeutel vorhanden sein, um den aktuellen Lebensstandard zu halten:

Betrag in heutiger Kaufkraft: 3.500 € notwendiger Nominalbetrag in:				
Inflationsrate	10 Jahre	20 Jahren	30 Jahren	40 Jahren
2%	4.266 €	5.201 €	6.340 €	7.728 €
3%	4.704 €	6.321 €	8.495 €	11.417 €
4%	5.181 €	7.669 €	11.352 €	16.804 €

Eine halbwegs sichere Größe sind die gesetzlichen Renten. Herr Tornsen erhält 730 € bis zu seinem Lebensende. Dieser Betrag wird steigen – ob aber die Kaufkraft erhalten bleibt, ist mit Blick auf die Rentendiskussion der letzten Jahre äußerst fraglich. Sicherheitshalber sollten daher nur Steigerungen von 1% pro Jahr berücksichtigt werden. Folge: Die **entstehende Lücke muss mit dem privaten Ruhestandskapital ausgeglichen werden.**

Frau Tornsen steht dagegen vor der Frage, ab wann sie die Rente beziehen soll. Hier hat sie einen gewissen Entscheidungsspielraum, den sie mit Hilfe eines gerichtlich zugelassenen Rentenberaters diskutiert. Sie kann die Rente ab November 2004 beziehen. Dann werden 775 € gezahlt. Startet sie drei Monate später, erhöht sich der Rentenbetrag auf 782 €. Wartet sie bis zum November 2006 werden 845 € ausgezahlt. Bedingung: Sie bleibt Angestellte ihrer GmbH und zahlt sich ein kleines Gehalt bis zum Rentenbeginn.

Rente jetzt oder später?

Welche Variante ist die beste? Dies lässt sich recht einfach beantworten, bedarf aber einer finanzmathematischen Betrachtung. Der Finanzplaner bildet in seinem Rechenprogramm alle Ein- und Auszahlungen, die mit dieser Rente zusammenhängen, ab. Sämtliche monatlichen Zahlungen werden dann auf den heutigen Tag „abgezinst". Die Renten werden mit 1% gesteigert. Die Variante mit dem höchsten „Barwert" (= der Wert des Zahlungsstroms per heute) ist die lukrativste für die Eheleute.

Um ganz sicher zu gehen, werden dann **unterschiedliche Rentenlaufzeiten untersucht.** Schließlich kann es passieren, dass Frau Tornsen ihren Ruhestand nicht genießen kann und frühzeitig verstirbt. Was nützt dann ein hoher Barwert einer dreißig Jahre laufenden Rente, wenn sie nur 10 Jahre davon profitieren kann. Das Ergebnis ist eindeutig: In allen Varianten ist der Rentenbeginn im November diesen Jahres der vorteilhafteste. Daher entschließen sich die Eheleute, die Altersrente jetzt zu beantragen. Der Planer kann also 775 € pro Monat berücksichtigen.

Betriebliche Altersversorgung

Ein weiterer wichtiger Bestandteil der Ruhestandsplanung ist die betriebliche Altersversorgung. Laut Pensionszusage beläuft sich der Rentenanspruch der Eheleute zusammen auf 1.700 € pro Monat. Bilanztechnisch ist alles gut auf Kurs, aber **reicht das vorhandene Geld in der GmbH?**

Mit dieser Frage tauchen ernste Probleme auf. Sie haben das Rückdeckungskapital eigenständig aufgebaut, aber die zugesagte Berufsunfähigkeitsversicherung nicht durch eine Zusatzversicherung abgesichert. Der Betriebsprüfer hat dies nicht bemerkt. Er hätte dann an der Ernsthaftigkeit der Zusage berechtigt gezweifelt. Das Problem: Wäre einer der Eheleute frühzeitig berufsunfähig geworden, hätte der Pensionsanspruch sofort bilanziert werden müssen. Steuerfachleute nennen diesen Effekt „Bilanzsprungrisiko". In vielen Fällen sind GmbHs sofort überschuldet, wenn nicht eine Versicherung das Risiko übernimmt. „Zum Glück" ist Herr Tornsen erst vor wenigen Monaten berufsunfähig geworden. Das konnte die GmbH auch bilanztechnisch gut verkraften.

Eigentlich wollen die Eheleute die GmbH liquidieren. Aber die betriebliche Altersversorgung hindert sie daran. Nach Absprache mit dem Berater bleibt nur eine Variante: **Die Fortführung der Firma als „Rentner-GmbH".** So werden solche inhabergeführte GmbHs genannt, die nur noch den Zweck haben, die Betriebsrente zu zahlen. In der Firma „ruhen" 250.000 € Kapital. Diese stehen für die Rentenzahlungen zur Verfügung. Problem: Bei einer „Nachsteuerverzinsung" von 3,6% reicht das Geld nur 17 Jahre. Danach kann die GmbH geschlossen werden, da sie die Pensionen nicht mehr zahlen kann.

„Tickende Zeitbombe"

Damit wird ein Problem deutlich, das viele GmbH-Geschäftsführer noch nicht erkannt haben, obwohl sie diese tickende Zeitbombe in ihrer Firma haben. **Der Glaube, die selbst zugesagte Betriebsrente werde tatsächlich lebenslang gezahlt, ist meist ein Irrglaube.** Viele GmbHs haben zwar bilanztechnisch sauber gearbeitet. Aber das tatsächlich notwendige Kapital ist nicht verfügbar. Hinzu kommt: Die Mehrzahl der Pensionszusagen sind mit Lebensversicherungen rückgedeckt. Die massiv **gesunkenen Überschussversicherungen führen zu erheblichen Deckungslücken**, die manche GmbH nicht ohne weiteres schließen kann. Leider sind auch viele GmbH-Geschäftsführer betroffen, die auf Spezialisten unter den Anbietern der betrieblichen Altersversorgung vertraut haben, wie der Fall Gerling zeigt.

Bislang liegt das Versorgungskapital in offenen Immobilienfonds, die über die Jahre erworben wurden. Doch diese Anlage ist heute mit Vorsicht zu genießen (siehe FB vom 23.2.). Mit Hilfe moderner Portfoliotheorie lässt sich aber ein gut strukturiertes Investmentfondsdepot zusammenstellen, das dem Liquiditätsbedarf der GmbH gerecht wird. Zielrendite: 6% vor Steuern bei relativ geringen Kursschwankungen.

Eigentlich möchten die Unternehmer ihre GmbH schließen und damit den Ruhestand endgültig besiegeln. Bislang gab es außer der Möglichkeit, sich eine Kapitalabfindung statt Rente zu zahlen, keine Möglichkeit, diesen Weg zu gehen. Der „Wunsch" des Finanzamtes, sich an der Abfindung durch die Berechnung von Lohnsteuer zu beteiligen, schreckt aber ab und macht diese Möglichkeit unattraktiv.

Liquidationsversicherung

Neu ist der Weg der Liquidationsversicherung, den die Eheleute wählen könnten. Die Konstruktion: Die GmbH überträgt sämtlichen Rechte und Pflichten an eine Versicherungsgesellschaft, die die Rentenzahlung der GmbH übernimmt. Die Firma überweist das Versorgungskapital an die **Assekuranz**, diese **entlässt die GmbH aus ihrer Verpflichtung**. Anschließend wird die GmbH liquidiert. Das Geld wird von der Versicherung an die ehemaligen Geschäftsführer gezahlt. Der Vorteil: Diese Übertragung löst **keine Lohnsteuerpflicht** aus, die steuerliche Behandlung ist für die Rentenempfänger identisch.

Nur wenige Versicherungsgesellschaften bieten diese Lösung an, unter ihnen die Schweizerische Rentenanstalt und die Allianz. Für manchen Unternehmer scheint diese Möglichkeit, seine GmbH zu schließen, attraktiv. Doch **die Sache hat einen großen „Haken"**, wie der Fall Tornsen zeigt. Um die Rentenansprüche der beiden Unternehmer inkl. der zugesagten Witwen- bzw. Witwerrente zu erfüllen, verlangt die Assekuranz gut 400.000 €. Nur zu diesem Preis könnte die bestehende Pensionsverpflichtung abgelöst und die GmbH anschließend liquidiert werden. Doch dieser Betrag ist nicht in der GmbH vorhanden. Einzige Möglichkeit: Tornsens nehmen Teile ihres Privatvermögens und bringen diese in die GmbH ein. Nach reiflicher Überlegung verzichten die Eheleute auf diese Variante.

Der Grund ist klar: Mit dem Abschluss einer Liquidationsversicherung gehen die Unternehmer auch eine „Wette" mit der Versicherung ein. Sie hoffen, möglichst lange zu leben – das erhöht die Rendite des eingezahlten Geldes. Die Versicherung „freut" sich, wenn die Eheleute frühzeitig versterben. Denn dann ist der Versicherer von der Leistung befreit. Das eingezahlte Geld steht den Erben nicht mehr zur Verfügung.

Da die finanzielle Situation komfortabel ist – dies zeigt der nächste Beitrag – lösen die Eheleute das Problem auf ihre Weise. Die GmbH wird zur „Rentner-GmbH" mit einer Restlaufzeit von 15-20 Jahren, je nach Verzinsung des Versorgungskapitals. Die danach entstehende Rentenlücke wird durch einen gesonderten Ruhestandsbaustein aufgefüllt. Auf diese Weise hat beim frühen Tod der Eheleute nicht die Versicherung das Geld, sondern die leibliche Tochter kann über das Restkapital verfügen.

FB vom 08.03.2004

www.fuchsbriefe.de

Vom Vermögen leben

Wie lange reicht das Geld?

Nach einem intensiven Arbeitsleben stellen sich viele Unternehmer berechtigte Fragen: „Reicht mein Vermögen zum Leben?", „Müssen wir uns finanziell einschränken?", „Wie viel bleibt noch für die Erben übrig?" **Die meisten potenziellen Ruheständler wissen nicht, wie viel Geld für einen sorglosen Lebensabend notwendig ist.** Besonders der Ausstieg aus dem Berufsleben mit 55 oder 60 Lebensjahren bedarf einer gewissen Anstrengung. Die Finanzbranche offeriert hierzu eine Vielzahl von Angeboten. Die Bewertung ist für den Laien schwierig. Denn häufig müssen „Äpfel mit Birnen" verglichen werden.

Fall aus der Praxis

Das Unternehmerehepaar *Rechtschneider*, Inhaber einer Werbeagentur, will in einem Vierteljahr in den Ruhestand treten. Herr Rechtschneider wird dann 60 Jahre alt, seine Frau ist zwei Jahre jünger. Aus zwei fälligen Lebensversicherungen stehen insgesamt 1 Mio. € Kapital zur Verfügung. Diese sind das Basiskapital für den Ruhestand.

Rechtschneiders haben **keine Kinder.** Daher kann das Geld vollständig verbraucht werden. Die **Kosten** für Lebenshaltung, Krankenversicherung und laufende Ausgaben für ihr Eigenheim beziffern die Eheleute mit **3.500 € pro Monat.** Die Eheleute sind sich sicher: Das Geld reicht auf jeden Fall aus. Ihre Rechnung: Wenn sie die Million Euro anlegen und dafür 4,5% Zinsen bekommen, überweist die Bank jedes Jahr 45.000 €. Dies sind pro Monat 3.750 € – also etwas mehr als benötigt. Da das Kapital nicht angetastet wird, müssten genug Reserven vorhanden sein.

Leider verrechnet!

Das Unternehmerehepaar ist aber einem weit verbreiteten Irrtum erlegen. **Für die Ruhestandsplanung sind zwei Parameter unbedingt zu beachten: Inflation und Steuerlast.** Die Geldentwertung spielt eine besondere Rolle. Die monatlichen Aufwendungen für Lebenshaltung und Versicherungen unterliegen jährlichen Steigerungen. Wollen die Eheleute ihren Lebensstandard wie gewohnt halten, müssen sie diese Kostensteigerungen berücksichtigen. Beträgt die Inflationsrate 2,5% pro Jahr, reicht das Geld 32 Jahre lang. Zu diesem Zeitpunkt sind die Beiden 92 bzw. 90 Jahre alt. Wird die jährliche Kostensteigerung mit 3% berechnet, können beide 29 Jahre lang von ihrem Geld leben.

Auf den ersten Blick mag das ausreichend sein. Das meinen auch viele Finanzberater. Sie rechnen daher mit der **statistischen Lebenserwartung.** Die Botschaft: Da

ein 60-jähriger Mann im Durchschnitt 79 Jahre alt wird, ist im Fall von Rechtschneiders genug Risikopuffer vorhanden. Aber: **Was interessiert es Rechtschneiders, wann der Durchschnitt der Bevölkerung stirbt?** Ihr Ziel ist es, bis zu i h r e m Lebensende Geld zu haben. Leider merken viele Unternehmer erst zu spät, dass sie ihre Altersvorsorge auf einer falschen Rechenbasis aufgebaut haben. Die Folge ist dramatisch: Je nach Rechenzinssatz **benötigen** Rechtschneiders bei sonst gleichen Bedingungen **gut 50% mehr Kapital** zum Ruhestandsbeginn.

Wette mit der Versicherung

Die Eheleute müssen sich fragen, ob sie **selbst oder** eine **Versicherungsgesellschaft** das **„Risiko" des Längerlebens tragen** sollen. Der „Deal" mit der Assekuranz: Das Unternehmerpaar zahlt einen Einmalbetrag an die Gesellschaft. Diese garantiert im Gegenzug, bis zum Lebensende der Eheleute eine Rente zu zahlen. Wenn beide gestorben sind, endet die Zahlung.

Rechtschneiders erhalten folgendes Angebot: „**Rentenversicherung** mit sofortiger Rentenzahlung **mit Witwenrente".** Sie zahlen 1 Mio. € an die Versicherung. Dafür bekommen sie eine monatliche Rente in Höhe von 4.000 €. Sollte Herr Rechtscheider sterben, erhält seine Frau bis zu ihrem Lebensende vier Fünftel der vereinbarten Zahlungen.

Das Angebot entspricht genau den Zielen der Eheleute: lebenslange Einkünfte oberhalb der kalkulierten Kosten für den täglichen Bedarf. Die Gesellschaft weist zudem eine jährliche Rentensteigerung von 2% aus. Dies gleicht die Inflation halbwegs aus.

Auch steuerlich ist die Offerte interessant: Die 4.000 € unterliegen nur teilweise der Steuerpflicht. 32% der Rente werden besteuert (Hinweis: Seit 2005 beträgt der Ertragsteueranteil 22%). Wenn die Eheleute keine weiteren Einkünfte haben, bleibt die Rente nahezu steuerfrei.

Risikolos ist das Versicherungsangebot aber nicht: Erwirtschaftet die Gesellschaft die prognostizierten Erträge nicht, fällt die jährliche Rentensteigerung vollständig oder teilweise aus. Im schlimmsten Fall bedeutet das, dass Rechtschneiders lebenslang nur 4000 € überwiesen bekommen. Bei einer Inflationsrate von 2,5% entspricht dies in 10 Jahren einer Kaufkraft von 78%, in 20 Jahren sogar nur noch 61%. Dann müssten die beiden den Gürtel enger schnallen.

Was den Eheleuten auch nicht gefällt: Wenn beide in 5 Jahren sterben, ist das gesamte Geld weg. Aus diesem Grund bietet die Gesellschaft eine Rentengarantiezeit an. Auf jeden Fall wird 10 Jahre lang die Rente gezahlt, im Todesfall an die Erben. Die Gesellschaft lässt sich diese

Zusage bezahlen. Folge: Bei gleicher Prämie sinkt die prognostizierte Monatsrente um 200 €.

Auf der Suche nach Alternativen

Rechtschneiders wollen wissen, ob es bessere Angebote gibt. Ihre Idee: Es müsste doch auch ohne Versicherungsgesellschaft gehen! Mehrfach sind ihnen **„Auszahlpläne"** angeboten worden. Die Konstruktion: Das Geld wird in ein oder mehrere **Investmentfonds** investiert. Die Fondsgesellschaft überweist jeden Monat den gewünschten Betrag. Der konkrete Vorschlag: Anlage der Million Euro in einen gemischten Fonds, der sowohl Aktien als auch festverzinsliche Wertpapiere enthält. Renditeprognose: 5,5%. Geschätzter steuerpflichtiger Anteil der Erträge: 40%.

Auf den ersten Blick passt das Angebot zu unserem Unternehmerpaar. Gut 41 Jahre lang reicht das Geld einschließlich einer Inflationsrate von 2,5%. **Unberücksichtigt bleibt jedoch die Steuer.** Wird der Anteil für den Fiskus berücksichtigt, reduziert sich die Laufzeit um mehr als 3 Jahre.

Die Strategie hat trotzdem ihre Vorteile: **Rechtschneiders können jederzeit die „Rente" erhöhen oder reduzieren,** oder das „Pferd" wechseln und eine andere Anlageform wählen. Diese Vielfalt bietet die Versicherungslösung nicht. Einmal eingezahlt, bleibt das Geld für immer bei der Assekuranz.

Die Zwei-Epochen-Strategie

Eine „pfiffige" Beraterin empfiehlt eine andere Konstruktion. **Das Geld wird in zwei Teile geteilt.** Ungefähr die Hälfte wird in einen **Entnahmeplan** (Epoche 1) angelegt und in den nächsten 12 Jahren verbraucht. Die andere Hälfte des Kapitals wandert in eine **Lebensversicherung** mit 12 Jahren Laufzeit. Intern verbucht die Gesellschaft 5 Jahresbeiträge, so dass die Auszahlung am Ende steuerfrei ist. Endet die erste Epoche, steht nahezu wieder das Ausgangskapital zur Verfügung. Dann können die Eheleute überlegen, wie sie das Geld für die zweite „Epoche" ihres Ruhestands anlegen.

Der „Clou" des Konzepts: Würden Rechtschneiders das Geld in eine Leibrentenversicherung einzahlen, werden sie eine Monatsrente von ca. 6.800 € erhalten (heutige Rententarife vorausgesetzt). Das sind 1.800 € mehr, als das erstgenannte Versicherungsangebot für das 12. Jahr prognostiziert hat. Zudem: Die Beraterin hat aus Vorsichtsgründen nur mit einer Verzinsung von 4% gerechnet – Steuern fallen wegen der geringen Einkünfte nicht an. Die Eheleute können sich bei höherer Rendite eine höhere Rente leisten.

Blick über den Kanal

Rechtschneiders haben noch mehr Möglichkeiten: **Britische Lebensversicherungen** sind seit Jahrhunderten

auf die private Altersvorsorge spezialisiert. Die **Besonderheit** der Mehrzahl der Produkte: **Das Risiko des „Längerlebens" müssen die Eheleute selbst tragen.** Die Briten sichern aber die Kapitalmarktrisiken umfassend ab. Trotz eines hohen Aktienanteils werden die Kunden von den Kursschwankungen weitgehend verschont. Die Renditeprognose liegt heute bei ca. 6,5%. Vorausgesetzt die Kapitalmärkte erholen sich nachhaltig, ist dieser Wert eine eher vorsichtige Schätzung.

Zahlt das Unternehmerpaar 1 Mio. Euro an die britische Versicherung, so sind in 35 Jahren immer noch 580.000 € Vermögen vorhanden – trotz der regelmäßigen Rentenzahlung von 3.500 € und einer Steigerungsrate von 2,5%. Selbst bei einer durchschnittlichen Performance von 6% reicht das Geld aus. Allerdings: Schaffen die Briten nur 3%, ist das Geld im Alter von 82 Jahren verbraucht. Erwirtschaften die Fondsmanager dagegen 7,5%, erhalten die Eheleute nach 35 Jahren mehr zurück als sie eingezahlt haben – trotz regelmäßiger Rentenzahlung.

Die Briten bieten sogar eine gewisse **Flexibilität:** Rechtschneiders können ihre Rentenzahlung reduzieren oder – rechtzeitige Anmeldung vorausgesetzt – ohne „Strafzinsen" höhere Auszahlungen erhalten.

Steuerbegünstigte „Rente"

Interessant ist auch ein weiteres Modell der Briten: Wird ein Teil des Geldes in eine Lebensversicherung gezahlt, werden ab dem 13. Jahr monatliche „Renten" gezahlt – die Hälfte der Erträge aus der Police sind steuerfrei (Hinweis: Gesetzesänderung 2005 berücksichtigt. Es handelt sich dabei um **Teilrückzahlungen aus der Lebensversicherung.** Dieses Angebot ist eine interessante Variante für den 2. Teil der „Zwei-Epochen-Strategie".

Vergleich

Werden die vorgestellten Varianten danach sortiert, wie viel Risiko der Anleger eingeht, ergibt sich folgende grobe Reihenfolge:

1. Deutsche Leibrentenversicherung

2. Zwei-Epochen-Strategie (ohne britische Variante)

3. Britische Lebensversicherung

4. Investmentfonds-Auszahlplan (abhängig von Fondsart)

Je „sicherer" die Variante, desto geringer ist natürlich auch die Renditeerwartung. Die Eheleute Rechtschneider entscheiden sich für die „Zwei-Epochen-Strategie". Sie verbindet die gewünschte Sicherheit mit der Möglichkeit, in 12 Jahren noch einmal über die Finanzstrategie nachzudenken.

FB vom 30.06.2003

Gesellschaftergeschäftsführer

Altersversorgung: Hilfe, das Geld reicht nicht!

Für Gesellschaftergeschäftsführer ist die Verbindung zwischen Privatfinanzen und der Unternehmensbilanz eine wichtige Schnittstelle. Bei der Wahl der richtigen Rechtsform für die eigene Firma ist die Kapitalgesellschaft wegen der Optionen zur betrieblichen Altersversorgung nicht selten ein wichtiger Entscheidungsgrund. Die Theorie ist die eine Seite. Doch bei der konkreten Umsetzung wird der Unternehmer mit einer Vielzahl von gesetzlichen Regelungen und Restriktionen konfrontiert.

Fall aus der Praxis

Die Eheleute Fischer haben ihr „Tagwerk" getan und stehen direkt vor ihrem Ruhestand. Die beiden Unternehmer haben über Jahrzehnte ihr Designbüro erfolgreich geführt. Dank kaufmännischen Geschicks und eines guten Namens konnten sie ordentliche Erträge erwirtschaften. Den Lebensstandard haben die beiden relativ niedrig gehalten.

Die Finanzen hatte Frau Fischer gut im Griff. Überwiegend konservative **Anlagen** führten dazu, dass Fischers von Kursverlusten weitgehend verschont geblieben sind. Die örtliche Volksbank hat ihre Sparbriefe und offene Immobilienfonds gut platzieren können. Nur der Ausflug ins „Aktienland" Ende der 90er Jahre führte in ein kleines Desaster: von 50.000 € blieb nur noch die Hälfte übrig. Frau Fischer waren solche Börsengeschäfte ohnehin suspekt. Ihr Mann fand die Argumente des Bankberaters aber überzeugend – zumindest damals. Trotz allem: Gut 600.000 € sind zum Ruhestandsbeginn für die Rente vorhanden.

Beide haben in die gesetzliche Rentenversicherung eingezahlt. Die freiwillig geleisteten Beiträge führten dazu, dass nun eine solide Grundlage für die nächsten Jahre geschaffen ist. Gut 1.600 € pro Monat erhalten beide Eheleute zusammen von der **BfA**.

Der dritte fest eingeplante Versorgungsbaustein für ihren Ruhestand ist die **Betriebsrente**. Beide haben sich schon in den 80er Jahren eine Pensionszusage erteilt. Beide sollen (umgerechnet) 1.100 € monatliche Betriebsrente ab dem 65. Lebensjahr erhalten. Dies war zumindest ihr Kenntnisstand bis vor Kurzem.

Um ihr Ruhestandskapital professionell anzulegen und zu managen, haben sie über ihren Steuerberater Kontakt zu einem Ruhestandsplaner aufgenommen, der sich auf Unternehmer spezialisiert hat. Damit überblickt der Experte beide Bereiche, die für die Eheleute wichtig sind: GmbH und Privatvermögen.

Schlechte Nachrichten

Nach der ersten Analyse der Daten kommen für Fischers neue, überraschende Informationen zu Tage: Die **Pension aus der GmbH steht auf wackligen Füßen**. Grund: Die GmbH hat nicht genug Geld. Fischers haben damals versäumt, in einer geeigneten Art Vermögen innerhalb der Firma aufzubauen. Sie glaubten, dass die 300.000 € auf dem **Investmentdepot** ausreichen, denn dieser Wert entsprach in etwa der **Pensionsrückstellung** in der Bilanz. Viel schlimmer noch, aber zum Glück gut gegangen: Die zugesagte Witwen- und Invalidenrente war überhaupt nicht abgesichert. Ein Risiko, das sehr leicht zur Überschuldung der Firma hätte führen können.

Der Finanzplaner zeigt den Fischers deutlich: Die GmbH wird bei einer eher konservativen Anlagepolitik voraussichtlich 17 Jahre lang die Rente zahlen können. Dann ist das Geld verbraucht.

Nun ist guter Rat gefragt: **Was können die Eheleute tun?** Nüchtern betrachtet: nicht viel! Eigentlich wollten sie sogar ihre GmbH nach Einstellung des Geschäftsbetriebs liquidieren. Doch diese Option steht jetzt nicht mehr zur Debatte. Gründe dafür gibt es viele:

Auf Lösungssuche

Der erste Gedanke, die **Pension zu reduzieren**, wird vom Steuerberater als denkbar **schlechteste Lösung** abgelehnt. Die steuerlichen Folgen sind – so seine Argumentation – gravierend: Die Pensionsrückstellungen müssten im entsprechenden Verhältnis Gewinn erhöhend aufgelöst werden. Damit würde wiederum ein **Teil der Liquidität der GmbH zum Finanzamt fließen**. Dann stünde noch weniger Ruhestandskapital für die Rente der Fischers zur Verfügung.

Der zweite Gedanke: die **GmbH zahlt eine Kapitalabfindung an Fischers**, um dann die Pensionsverpflichtungen ausreichend abzugelten. Dies **scheitert** schlicht am damaligen Versäumnis, diese Möglichkeit zwischen GmbH und den jeweiligen Eheleuten im Pensionsvertrag zu vereinbaren. Wenn dies vertraglich vorgesehen gewesen wäre, könnte diese Möglichkeit überlegt werden. Allerdings wären auch hier erhebliche Steuerzahlungen bei der Einkommensteuer zu erwarten. Das eigentliche Problem, dass zu wenig Geld da ist, wäre zudem ebenso nicht gelöst.

Plan gescheitert

Der Plan, die Firma aufzulösen, scheitert ebenso, da die Pensionszusage nicht erfüllt werden würde – mit allen oben diskutierten Nachteilen. Einzige Möglichkeit: **Die GmbH schließt für die Eheleute eine so genannte „Liquidationsversicherung" ab.** Diese Sonderlösung bieten einige Versicherungsgesellschaften wie z. B. die Allianz oder die Swiss Life an. Die Konstruktion: Die Versicherung übernimmt sämtliche Verpflichtungen aus der Pensionszusage, kümmert sich also auch um Abführung der Lohnsteuer und ggfs. der Sozialversicherung. In diesem Fall lässt der Gesetzgeber zu, dass die GmbH ohne Steuernachteile ihre Verpflichtungen los wird und – daher der Name – liquidiert werden kann.

Nachteil der Konstruktion: **Die Assekuranz verlangt einen Einmalbetrag, der im Falle der Fischers fast das Doppelte der bilanzierten Rückstellung und damit des vorhandenen Kapitals ausmacht.** Die Gründe für den hohen Preis sind schnell erläutert: Die Versicherung rechnet mit anderen Parametern als der Steuerberater und das Finanzamt. Diese berufen sich auf die „Heubeckschen Tafeln". Diese sind verbindlich für die Erstellung der Steuer- und Handelsbilanz. „Heubeck" berücksichtigt aber eine **Kapitalverzinsung** von 6% pro Jahr.

Die erzielt eine deutsche Versicherung jedoch seit langem nicht mehr. Je niedriger der Kapitalzins, desto mehr Geld muss aufgebracht werden, um die Rente zu bezahlen. Die Steuertafeln rechnen zudem mit einer **Lebenserwartung**, die nicht berücksichtigt, dass die Menschen heute deutlich älter werden. Die Assekuranz geht davon aus, die Rente länger zahlen zu müssen. Folge: Sie verlangt mehr Geld. Ein weiteres – gravierendes – Problem der „Liquidationsversicherung": Das Finanzamt verlangt, dass die zugesagten Leistungen der Assekuranz garantiert sind und nicht – wie bei Leibrentenversicherungen üblich – einen variablen Bestandteil haben. Auch das kostet den potenziellen Versicherungskunden viel Geld.

„Plan B" wird umgesetzt

Fischers befinden sich also im Dilemma: Das Geld reicht nicht, um die Rente lange Zeit zu bezahlen. Die Rente reduzieren können sie nicht, da dies steuerliche Nachteile bedeutet. Der Steuerberater – nicht ganz unbeteiligt an dieser unbefriedigenden Situation – empfiehlt eine pragmatische Lösung (und schiebt das Problem zeitlich von sich): **Die Eheleute sollen die GmbH als „Rentner-GmbH" fortführen.** Die Firma überweist die Rente so lange, bis das Geld verbraucht ist. Und dann wird die GmbH aufgelöst.

Die Eheleute verstehen erst jetzt, worauf sie sich mit ihrer Pensionszusage eingelassen haben. Und sie müssen erleben, dass niemand in ihrer Nähe war, der auf diese Problematik ausreichend hingewiesen hat. Daher konnte nicht mehr gegengesteuert werden.

„Beratungswüste BAV"

Nun könnte der Eindruck entstehen, dass Fischers einfach nur Pech gehabt haben. Schließlich gibt es eine Vielzahl von Beratern, die sich um die betriebliche Altersver-

sorgung von Unternehmern und Gesellschaftergeschäftsführern kümmern. Doch der Schein trügt: Fuchsbriefe und IQF haben vor kurzem einen **Markttest** durchgeführt. Gut 40 Versicherungsgesellschaften und Beratungsinstitute, die sich in ihrer Werbung als kompetent dargestellt haben, wurden angeschrieben. Ihre Aufgabe: Ein anonymisierter Praxisfall sollte analysiert werden. Ein Gesellschaftergeschäftsführer, 39 Jahre alt, hat sich vor 6 Jahren eine Pensionszusage erteilt. Der kinderlose Unternehmer erhält – so die vertragliche Festlegung – 2.800 € Monatsrente, wenn er 65 Jahre alt ist. Anders als Fischers hat die GmbH schon 1999 eine Lebensversicherung abgeschlossen, um Kapital zu sammeln. Die Fragen an die Experten: „Gibt es eine Deckungslücke und wie hoch ist sie?".

Das erschreckende Ergebnis: **Viele Häuser kamen über die Berechnung der Heubeckschen Werte nicht hinaus.** Der Testkunde blieb im guten Glauben, dass er – wenn er die Deckungslücke schließt – im Alter ausgesorgt hat. Doch dieses Fazit war schlicht falsch: Mehr als die dreifache Summe muss in Wahrheit aufgebracht werden, um den Geschäftsführer ausreichend abzusichern.

Darüber hinaus wurden **viele wichtige Aspekte übersehen.** Die bestehende Versicherung, die Mängel aufwies, blieb häufig ohne nähere Betrachtung. Die Lösungsvorschläge waren zudem sehr einseitig und ohne innovative Kraft. Das Ergebnis ist demnach sehr ernüchternd. **Beratungsqualität auf hohem Niveau ist Glückssache.**

Steuerrat nicht ausreichend

Der **Steuerberater ist** – so die Erfahrung – **selten der richtige Ansprechpartner.** Er kann zwar die steuerlichen Aspekte für die Anerkennung der Zusage beim Finanzamt prüfen und diskutieren. Ob die Rückdeckung – und damit die tatsächliche Erfüllung – ausreichend gestaltet ist, bleibt ihm häufig verborgen.

So kann die Frage, ob es in **Deutschland eine „Beratungswüste" für Pensionszusagen und die Betriebliche Altersversorgung** gibt, leider bejaht werden. Es gelang nur drei Unternehmen im diesjährigen Test, mehr als 50% der möglichen Punkte zu erzielen. Der Beratungsbedarf ist groß. Wie beim KfZ sollte eine Pensionszusage möglichst alle drei bis fünf Jahre auf den Prüfstand. Dabei sind zwei Prüfbereiche wichtig: Ist die rechtliche Gestaltung noch in Ordnung und findet sie damit den Segen vom Finanzamt und: Ist die Rückdeckung der Zusage noch im grünen Bereich.

Hinweis: Betroffenen Unternehmern ist daher der Fuchsreport „BAV für Gesellschaftergeschäftsführer" (27 € für Abonnenten, sonst 37 €) als Lektüre und Orientierungshilfe wärmstens empfohlen. Zu bestellen über: www.fuchsbriefe.de

FB vom 06.06.2005

Risikomanagement
Gesellschafter–Geschäftsführer

Privates Risikomanagement, so die Meinung der Experten, ist bei vielen Unternehmern eine vernachlässigte „Baustelle" (FB vom 14.07.). Dabei übersehen Firmenchefs oft, dass sie Teile ihrer privaten Risikoabsicherung in die Firma verlagern können. Gerade wer seine GmbH als beherrschender Gesellschafter-Geschäftführer leitet, kann viele Vorteile nutzen.

Fall aus der Praxis

Peter Fritsch, der bereits im letzten Beitrag vorgestellt wurde, ist mit seinem Bruder geschäftsführender Gesellschafter einer mittelständischen GmbH. Beide führen ihr Unternehmen seit mehr als 10 Jahren sehr erfolgreich. Die Gewinne liegen im Schnitt bei 200.000 €. In diesem Jahr wird ein Großauftrag dafür sorgen, dass sich der Gewinn mehr als verdreifacht. Auch die Liquidität der Firma ist bestens. Gut 300.000 € liegen auf Tagesgeldkonten. Auf Rat des Steuerberaters haben die beiden ihre Jahresgehälter vor kurzem auf je 130.000 € erhöht. Eins haben die Brüder gemeinsam: Eine ausreichende Absicherung der Familie für den Todesfall des Hauptverdieners ist bislang nicht vorhanden. Gleiches gilt für die Berufsunfähigkeit. Bei Peter Fritsch, verheiratet, 2 Kinder im Alter von 3 und 6 Jahren, beträgt die Versorgungslücke für diesen Fall ca. 6.000 € im Monat.

Liquidität im Todesfall

Kein klares Bild hat Herr Fritsch, welche Absicherung im Todesfall notwendig ist. Er überlegt, eine Risikolebensversicherung abzuschließen. Für eine Jahresprämie von 1.500 bis 2.000 € lässt sich bei etablierten Anbietern eine Versicherungssumme von 500.000 € bis zum 65. Lebensjahr absichern. Im Fall der Fälle würde das für seine Frau kaum reichen. Denn wenn die Frau pro Monat 4.000 € entnimmt und diesen Betrag wegen der Steigerung der Lebenshaltungskosten jährlich um 2% erhöht, ist das Versorgungskapital bei einer Verzinsung von 5% nach 12,5 Jahren verbraucht. Folge: Frau Fritsch müsste wieder ihrem Beruf nachgehen. Weiteres, noch nicht analysiertes Problem: Familie Fritsch verfügt über mehrere vermietete Immobilien. Es bleibt unklar, wie sich die Banken bezüglich der Immobilienkredite verhalten werden. Die Bonität der Familie würde beim Tod des Hauptverdieners deutlich sinken.

Kleine Überraschung

Mit Hilfe eines auf Unternehmer spezialisierten Finanzplaners durchleuchtet Peter Fritsch diese Themen. Dabei gibt es für den Unternehmer eine kleine Überraschung. Der Experte sieht als Hauptansatzpunkt die be-

triebliche Altersversorgung (BAV) und erst danach Lösungen in der privaten Finanzsphäre. Was Peter Fritsch nicht präsent hatte: **Mit der BAV** lassen sich **neben der Altersabsicherung auch andere Aspekte des privaten Risikomanagements integrieren.** So kann die Berufsunfähigkeit versichert werden. Gleiches gilt für den Fall des Todes von Peter Fritsch: Die Pensionszusage kann Garantien für die Ehefrau beinhalten. Stirbt Herr Fritsch, zahlt die Firma der Ehefrau eine Witwen-, den Kindern ggf. eine Halbwaisenrente.

Aufgrund der guten Gewinnsituation der GmbH prüfen Fritsch und sein Berater die Möglichkeiten einer solchen Zusage. Das Prinzip: Die Gesellschafter der GmbH beschließen im Rahmen einer Gesellschafterversammlung, dass der (die) Geschäftsführer zusätzlich zum Gehalt Anspruch auf ein Altersruhegeld hat (haben). Die Höhe der Rente wird als fester Betrag oder in Prozent vom letzten Gehalt vor der Rente festgelegt.

Bislang gezögert

Die Brüder Fritsch waren bislang skeptisch. Etliche Berater warnten vor den vielen Fallen, die bei der Gestaltung von Pensionszusagen lauern können. Die Höhe der Zusage muss angemessen sein, sie muss in die Gewinnsituation des Unternehmens passen, die Formalitäten sind penibel einzuhalten und zudem muss ausreichend Zeit seit der Firmengründung verstrichen sein.

Gestaltungsgrenzen

Ohne Frage: Eine Pensionszusage abzufassen, ist eine schwierige Angelegenheit, vor allem grenzen zwei Faktoren die Gestaltung ein: die Gewinnsituation des Unternehmens und die „Angemessenheit" der Zusage. Der erste Faktor ist aufgrund der guten Geschäftslage kein Problem. Beim zweiten Punkt muss der Steuerberater genau hinsehen. Denn **sämtliche Gehaltsbestandteile wie Grundgehalt, Tantiemen, Firmenwagen usw. müssen dem kritischen Blick des Finanzamtes standhalten.** Zudem: Im vorliegenden Fall wollen sich beide Gesellschafter eine betriebliche Altersversorgung gönnen. Dies bedeutet, dass die GmbH beide Pensionen „verkraften" können muss. Zudem erweist sich eine hohe Pensionsverpflichtung später oft als Verkaufshemmnis, weil der Käufer nicht bereits ist, eine so hohe Verbindlichkeit zu übernehmen. Richtig gemacht, lohnt sich die Pensionsrückstellung aber allemal.

Nach intensiver Beratung kommt für Peter Fritsch folgende Lösung in Betracht:

Altersrente ab 65 Jahren:	60.000 € p. a.
Berufsunfähigkeitsrente:	48.000 € p. a.
Witwenrente:	48.000 € p. a.

Die bilanzielle Wirkung ist beachtlich: In diesem Jahr

reduziert sich der Gewinn durch die Zuführung zur Pensionsrückstellung allein für Peter Fritsch **um gut 142.000 €.** Im nächsten Jahr sind ca. 15.000 € in die Bilanz einzustellen. Der Betrag steigert sich bis zum 65. Lebensjahr auf ca. 50.000 € pro Jahr. Ähnliche Werte werden für seinen Bruder errechnet.

Versicherungen als Rückdeckung

Während die Zusage relativ einfach erteilt werden kann, sind nun weitergehende Überlegungen für die GmbH wichtig. Das Unternehmen muss dafür sorgen, dass es seinen neuen Verpflichtungen nachkommen kann. Es muss das Versorgungskapital aufgebaut werden, um später die Rente bezahlen zu können.

In der Praxis setzen viele Unternehmen Kapitallebensversicherungen (sog. Rückdeckungsversicherungen) ein. Das Angebot im Fall Peter Fritsch: Eine Lebensversicherungsgesellschaft bietet an, **sämtliche Zusagen in einem Versicherungsvertrag zu bündeln.** Jährlicher Beitrag: 26.100 €. Der Beitrag reduziert als Betriebsausgabe den Gewinn. Da der Versicherungsvertrag durch die Einzahlung zum Bilanzstichtag bereits einen Gegenwert aufweist, erhöht sich der Gewinn um knapp 16.000 €.

Unterm Strich beträgt die Gewinnreduktion ca. 152.000 €. Dies führt zu einer **Steuerersparnis in der GmbH von gerundet 60.500 €.** Aus dieser Ersparnis kann die Versicherungsprämie gezahlt werden. Es verbleibt dank der großen Steuerersparnis für die Pensionszusage von Peter Fritsch ein Liquiditätsüberschuss von über 35.000 €.

Im nächsten Jahr ändert sich die Situation. Die Zuführung zur Rückstellung ist deutlich geringer, die Versicherungsprämie muss in voller Höhe bezahlt werden. Die gesamte Steuerersparnis beträgt knapp 24.000 €. Die Gesellschaft muss ab dem nächsten Jahr ca. 15.000 € an Liquidität aufbringen, um die Pensionszusage für Peter Fritsch erfüllen zu können.

Alternativen

Diese **vorgestellte Variante ist bequem,** da nur ein Vertrag abgeschlossen werden muss. Sie ist **aber nicht immer die beste Lösung.** Wie eine Privatperson hat ein Unternehmen heute viele Möglichkeiten, das Versorgungskapital professionell aufzubauen. Ein Beispiel ist der Aufbau des Rückdeckungskapitals durch Aktien oder Aktienfonds. GmbHs sind dank der aktuellen Steuergesetzgebung im Vorteil, da Gewinne aus Beteiligungen an Kapitalgesellschaften privilegiert sind.

Eine der möglichen Varianten für die Unternehmer Fritsch: Das Vorsorgekapital im Alter wird in eine Kombination mehrerer Anlageprodukte investiert. Ein Teil des Geldes fließt in Aktienfonds, der andere Teil in eine gewöhnliche Kapitallebensversicherung eines Top-Anbieters. Für die Berufsunfähigkeits- und die Witwenrente werden bei anderen Gesellschaften passende Versicherungsverträge abgeschlossen.

Die GmbH muss in 23 Jahren für Peter Fritsch gemäß dem versicherungsmathematischen Gutachten 742.000 € aufgebaut haben. Die Hälfte davon soll die Kapitallebensversicherung erbringen. Die Jahresprämie beträgt 7.600 €. Die andere Hälfte wird mit Hilfe verschiedener Indexfonds (z. B. www.indexchange.de) erwirtschaftet. Für diesen Zweck muss die GmbH bei einer durchschnittlichen Rendite von 8% p. a. jedes Jahr 5.700 € beiseite legen. Diese Fondszahlungen reduzieren – anders als die Versicherungsprämie – nicht die GmbH-Steuern. Im Gegenzug sind die Kursgewinne steuerfrei zu vereinnahmen.

Das (durch die Kapitallebensversicherung noch nicht abgedeckte) Versorgungskapital von 630.000 € für die Witwenrente wird durch eine Risikolebensversicherung auf das Leben von Herrn Fritsch abgesichert. In Kombination mit der Berufsunfähigkeitsversicherung (Rente 48.000 € pro Jahr) kostet dies 3.800 € pro Jahr.

9.000 € Ersparnis pro Jahr

Für diese Variante muss die GmbH in Summe 11.400 € an Versicherungsprämien aufbringen. Zusätzlich sind noch 5.700 € für den Kapitalaufbau nötig. Dank der gezielten Auswahl günstiger Produkte und der differenzierten Anlagestrategie ist die **Liquiditätsbelastung im Vergleich zur „bequemen" Lebensversicherungsvariante deutlich geringer:** Die jährliche Ersparnis vor Steuern beträgt knapp 9.000 €.

Peter Fritsch entscheidet sich für dieses Rückdeckungsmodell und nimmt damit **zwei Nachteile** in Kauf: Bei der Versicherungsvariante gibt es das notwendige Steuergutachten „gratis" dazu. Jetzt sind gut 200 € pro Jahr für den externen BAV-Spezialisten fällig. Außerdem muss Fritsch sich um die Wertentwicklung der Fonds kümmern. Diese wird aber im Rahmen der regelmäßigen Strategiegespräche mit seinem Finanzplaner erledigt. Ergebnis des professionellen Risikomanagements: Zwei Drittel der Absicherungswünsche konnte Herr Fritsch über die GmbH erfüllen. Die hohe Steuerbelastung der GmbH, die durch den Gewinnsprung in 2003 fällig gewesen wäre, entfällt. Die GmbH hat sogar noch einen Liquiditätsvorteil.

Die verbleibenden Versorgungslücken schließt Peter Fritsch durch private Versicherungslösungen. Zusätzlich haben sich die Unternehmer durch die Pensionszusage eine weitere „Stellschraube" geschaffen: Je nach Gewinnsituation können betriebliche und private Versorgungsaspekte vernetzt optimiert werden.

FB vom 28.07.2003

www.fuchsbriefe.de

Studium der Kinder

Anlagestrategien

Wenn es um die finanzielle Unterstützung des Studiums oder des Auslandsaufenthalts der Sprösslinge geht, gehen die Meinungen schnell auseinander. Die einen gönnen ihren Kindern einen möglichst komfortablen Weg in die Zukunft. Andere verweisen auf die eigenen guten Erfahrungen, das Studium durch Geldverdienen selbst finanziert zu haben, und geben ihren Kindern nur einen Sockelbetrag. Doch trotz der unterschiedlichen Grundeinstellungen zu diesem Thema bleibt festzustellen: In der privaten Finanzplanung eines Unternehmers spielt die Frage nach der richtigen Strategie zur Finanzierung des Studiums eine wichtige Rolle.

Fall aus der Praxis

Die Unternehmerfamilie Volkmann hat drei Kinder. Die älteste Tochter Marie ist 13 Jahre alt. Peter ist zwei Jahre jünger. Der jüngste Spross der Familie, Benjamin, ist vor kurzem drei Jahre alt geworden. Bereits vor der Geburt ihrer Kinder waren sich die Eheleute sicher, dass – wenn es die Fähigkeiten erlauben – alle Kinder sollen die Möglichkeit zum Studium bekommen. Für die finanzielle Unterstützung wollen die Eltern sorgen.

Dank einer Erbschaft in Höhe von 2 Mio. € sind die Vermögensverhältnisse der Familie Volkmann recht komfortabel. Das Beratungsunternehmen, das die Eheleute seit über 15 Jahren gemeinsam aufgebaut haben, bringt darüber hinaus ordentliche Gewinne. Das zu versteuernde Einkommen beziffern Volkmanns mit 250.000 €. Außerdem ist das Eigenheim schuldenfrei und bei Banken und Versicherungen sind mehr als 800.000 € in diversen Anlagen angelegt.

Im Rahmen des Strategiegesprächs mit ihrem Finanzplaner wird klar, dass sich die Eheleute um die Finanzierung des Studiums der Kinder noch keine konkreten Gedanken gemacht haben. Dank der guten Vermögenssituation könnten Volkmanns die nötigen Aufwendungen wohl aus den vorhandenen Mitteln bestreiten – doch das passt nicht so recht in die Mentalität der Volkmanns. Sie lieben keine Überraschungen und wollen daher jetzt das Thema professionell angehen.

Kosten des Studiums

Zunächst stellt sich die Frage nach dem notwendigen Geldbedarf. Wie viel kostet ein Studium? Dies ist je nach Studiengang unterschiedlich. Für das Studium der Rechts- und Wirtschaftswissenschaften im Inland planen Finanzplaner insgesamt ca. 50.000 € ein. Das Studium der Humanmedizin wird häufig mit 60.000 € kalkuliert – jeweils Miete, Studiengebühren, Literatur etc. inbegriffen. Be-

stimmte Studiengänge wie Philosophie gelten als besonders kostenintensiv. Die Werte sind selbstverständlich nur Richtwerte. Findet ein Studium im Ausland, in einer Stadt mit hohen Mietpreisen oder an einer renommierten Privatuniversität statt, können solche Durchschnittswerte schnell überschritten werden.

Um auf Nummer Sicher zu gehen, veranschlagen Volkmanns pro Kind 75.000 €. Dieses soll der finanzielle Grundstock sein, den die Kinder jeweils zum 20. Lebensjahr erhalten sollen. Damit sich kein Nachkomme benachteiligt fühlt, sollen **alle den gleichen Betrag** erhalten. Der „heimliche" Wunsch der Eltern: Wenn eines der Kinder besonders sparsam ist, darf es den Rest behalten. Lebt ein Kind „über die Stränge", lernt es schnell mit Geld umzugehen.

Kaufkraftschwund beachten

Um allen Kindern gerecht zu werden, müssen die Eheleute zunächst die Inflation beachten. Schließlich soll Benjamin sich in 17 Jahren das Gleiche kaufen können wie Marie, die bereits in 7 Jahren ihr Geld bekommt. Wird die Inflationsrate mit 2,5% kalkuliert, muss Marie 89.151 € von ihren Eltern bekommen. Peter erhält zwei Jahre später 93.655 €. Benjamin muss 114.121 € ausgezahlt bekommen. Mit diesen Summen ist ein Ziel erreicht: Alle Kinder erhalten den Geldbetrag, der nach heutiger Kaufkraft 75.000 € entspricht. Natürlich können die Eltern auch mit geringeren oder höheren Inflationsraten rechnen. Bei einer Rate von 2% p. a. erhalten die Kinder 84.462 €, 87.847 € bzw. 102.959 €.

Die Basisstrategien

Volkmanns haben nun zwei grundsätzliche Strategien. Sie legen ab sofort monatlich die Summe beiseite, die sie für die o. g. Sparziele benötigen (**Sparplan**). Dies reduziert die monatliche Liquidität.

Die Alternative: Sie entnehmen pro Kind aus ihrem jetzigen Vermögen einen **Einmalbetrag**, den sie über die nächsten Jahre fest anlegen. In diesem Fall brauchen sie künftig keine weiteren Sparleistungen tätigen.

Unabhängig von der Art der Einzahlung ist entscheidend, welche jährliche Rendite die Eheleute erzielen (wollen). Bei einer eher konservativen Variante können Volkmanns mit ca. 5% p. a. rechnen. Eine mit etwas Risiken „bespickte" Anlagestrategie kann 7% pro Jahr erzielen. Wählen Volkmanns eine risikofreudige Anlageform, die z. B. überwiegend mit Aktienfonds arbeitet, können sie 8,5% p. a. oder mehr erzielen.

Die Sparplanvariante(n)

Ein Sparplan ist schnell abgeschlossen. Jede Bank und nahezu jede Fondsgesellschaft bietet diverse Angebote.

Die nachfolgende Tabelle zeigt, welcher Betrag monatlich vom Konto abgebucht werden muss, um die gewünschten Sparziele zu erreichen:

Kind	Alter	Anlagedauer		
Marie	13 Jahre	7 Jahre		
Peter	11 Jahre	9 Jahre		
Benjamin	3 Jahre	17 Jahre		
monatliche Rate (konstant, jeweils gerundet)				
bei 5% Rendite	888 €	689 €	358 €	
bei 7% Rendite	827 €	628 €	297 €	
bei 8,5% Rendite	784 €	585 €	257 €	
Zielkapital(nominal)				
	89.151 €	93.655 €	114.121€	
entspr. Kaufkraft bei 2,5% Infla.				
	75.000 €	75.000 €	75.000 €	

Überlegenswert ist es, die Sparrate der Inflation anzupassen. So kann mit einer geringeren Rate begonnen werden, die dann regelmäßig steigt. Anders bei der obigen Variante mit konstanten Raten: Hier ist die Belastung kaufkraftmäßig in den ersten Jahren besonders hoch und sinkt erst im Laufe der Spardauer. Die nachfolgende Tabelle zeigt die anfängliche Sparrate. Wichtig ist, dass die Eheleute den Betrag kontinuierlich anheben.

Kind	Alter	Anlagedauer		
Marie	13 Jahre	7 Jahre		
Peter	11 Jahre	9 Jahre		
Benjamin	3 Jahre	17 Jahre		
anfängliche monatliche Rate(gerundet, steigt jedes Jahr um2,5%)				
bei 5% Rendite	828 €	628 €	300 €	
bei 7% Rendite	772 €	574 €	252 €	
bei 8,5% Rendite	733 €	536 €	220 €	

Alles auf einmal

Wenn Volkmanns das regelmäßige Sparen zu kompliziert finden, können sie bereits heute auf einen Schlag für ihre Kinder vorsorgen. Empfehlung: Jeweils ein Konto oder Depot eröffnen, und vom vorhandenen Vermögen dort die passenden Summen einzahlen. Je höher der erwartete Zinssatz und je entfernter das Sparziel, desto geringer die Einzahlungssumme:

Kind	Alter	Anlagedauer		
Marie	13 Jahre	7 Jahre		
Peter	11 Jahre	9 Jahre		
Benjamin	3 Jahre	17 Jahre		
Anlagebetrag per heute bei 5% Rendite				
	66.565 €	60.371 €	49.790 €	
bei 7% Rendite				
	58.329 €	50.945 €	36.128 €	
bei 8,5% Rendite	52.913 €	44.943 €	28.514 €	
Zielkapital (nominal)				
	89.151 €	93.655 €	114.121 €	
entspricht Kaufkraft bei 2,5% Inflation				
	75.000 €	75.000 €	75.000 €	

Das Unternehmerpaar ist der Auffassung, dass sie mit der „**Einmalbetrag-Variante**" am besten fahren. Da es bis zur Auszahlung an die älteste Tochter Marie nur noch 7 Jahre sind, gehen Volkmanns auf Nummer Sicher und rechnen nur mit 5% Rendite. Daher legen sie 66.565 € ins Depot. Sie wählen eine Mischung aus offenen Immobilienfonds, die primär in Europa investieren (CS Euroreal) und einen kleinen Teil in Immobilienfonds mit einem höheren Auslandsanteil (KanAm).

Für Peter kann wegen der längeren Anlagedauer eine etwas risikoreichere Variante gewählt werden. Aus diesem Grund wird der Anlagebetrag in Höhe von 50.945 € zu 75% in einen defensiv orientierten Dachfonds gewählt. Weitere 25% werden in internationale Aktienfonds bzw. Indexfonds investiert.

Benjamin Volkmann hat am längsten Zeit. 17 Jahre kann seine Kapitalanlage unangetastet liegen bleiben. Wenn die Eltern heute gut 28.500 € investieren, werden sie bei einer durchschnittlichen Rendite von 8,5% die gewünschte Anlagesumme erreichen. Die Anlageempfehlung: Investition in 75% breit streuende Aktienfonds und 25% konservative Anlagen.

Anlage im Auge behalten

Besonders bei Benjamin ist es wichtig, spätestens 5 Jahre vor dem Auszahlungstermin stückweise in „sichere Gewässer" umzuschichten. Damit wird die Gefahr gebannt, dass kurz vor seinem Geburtstag durch einen Börsencrash Teile seines Vermögens verloren gehen. Auch bei Peter sollte in den letzten Jahren das Depot genauer beobachtet werden.

In Summe legen Volksmanns 146.000 € für ihre Kinder an. Der Geldbetrag schmerzt die Eltern dank der guten Vermögenssituation nicht. Alternativ hätten sie auch konstant 1.773 € pro Monat sparen können. Oder auch 1.622 € pro Monat als Anfangsbetrag mit einer jährlichen Steigerung. Natürlich können die Strategien auch nahezu beliebig „gemischt" werden, zum Beispiel 50% als Einmalbetrag, während die andere Hälfte regelmäßig angespart wird.

Jetzt schon schenken?

Ungeklärt bleibt, ob das Geld heute schon an die Kinder übertragen werden soll (Depoteröffnung auf den Namen der Kinder). Oder ob der Transfer erst zum Studiumsbeginn erfolgen soll, wenn die Eltern auch schon genauer wissen, wie sich die Sprösslinge entwickelt haben. Außerdem stellt sich die Frage, ob mit der Studiumsfinanzierung auch andere Vermögensziele kombiniert werden können.

FB vom 11.08.2003

www.fuchsbriefe.de

Zum neuen Jahr

Bilanz ziehen

Der Jahreswechsel bietet Gelegenheit, getroffene Entscheidungen Revue passieren zu lassen und Impulse für das neue Jahr zu setzen. Der Unternehmer wird sich also mit der Rück- und Vorschau der **„Einkommensentstehung"** beschäftigen. Schließlich lebt er von den Erträgen seiner Firma. Doch selten wird mit der gleichen Professionalität, die im betrieblichen Bereich zu finden ist, auch die **„Einkommensverwendung"** untersucht. Da die Firma viele mittelständische Unternehmer stark beansprucht, bleiben die **Privatfinanzen** auf der Strecke. Dabei könnten mit wenig Aufwand wichtige Techniken der betrieblichen Finanzplanung auf die private Seite übertragen werden.

Fall aus der Praxis

Ruth und Gustav Reitmayer sind Inhaber eines erfolgreichen mittelständischen Unternehmens. Die 55-jährigen Eheleute haben 2 Kinder, beide inzwischen aus dem Haus. Das Geschäft läuft gut. Jedes Jahr gibt es neue Erfolgsmeldungen: Der Umsatz steigt kontinuierlich, der Gewinn ebenso. Mittlerweile liegt der Firmengewinn nach Abzug aller Kosten bei über 500.000 €.

Ruth Reitmayer kümmert sich um die Vermögensplanung der Familie. In den letzten 15 Jahren erwarb diese 8 Immobilien in Süddeutschland, überwiegend Mehrfamilienhäuser. Die Motivation für die Investitionen: Altersvorsorge und Steuern sparen. Um die Finanzierungen abzusichern, wurden diverse Lebensversicherungen abgeschlossen. Ferner besitzen Reitmayers 2 Depots, mit einem Depotwert von derzeit 508.000 €.

Langsam rückt der Ruhestand näher. Inspiriert durch ein „Geldseminar" für Unternehmer meinen die Eheleute, die Privatfinanzen seien gut gemanagt, aber wissen tun sie es nicht! Auf Empfehlung ihres Steuerberaters wollen sie nun das Jahr 2004 nutzen, um Transparenz in ihre **Geldangelegenheit** zu bringen. Die hand-geschriebenen Tabellen, die Frau Reitmayer bislang von Zeit zu Zeit erstellt hat, werden **immer komplexer**. Eine große Sorge des Ehemannes: Wenn seine Frau plötzlich versterben sollte, weiß er sehr wenig über seine Privatfinanzen.

„Aha-Erlebnis"

Die Eheleute lassen daher einmal ihre gesamten **Vermögenswerte durchleuchten**. Wie im Unternehmen wird eine Bilanz („Privatbilanz") erstellt, die erste „Aha-Erlebnisse" bringt. „So reich sind wir?!" – ist die erste positive Feststellung. Würden heute sämtliche Vermögenswerte verkauft und die Darlehen getilgt, beliefe sich das Reinvermögen auf über 4.7 Mio. €.

Allerdings wurde die Bilanz unter der Prämisse der Fortführung der bisherigen Vermögensstrategie aufgestellt.

Auf der anderen Seite wird aber auch die Komplexität des Vermögens deutlich. Das Unternehmerehepaar stellt sich ernsthaft die Frage, **ob die immobiliengestützte Anlagestrategie der richtige Weg ist**. Zwar sind die Mehrzahl der Objekte gut kalkuliert und bringen eine ansehnliche Rendite oberhalb von 5% vor Steuern. Zwei Objekte fallen allerdings aus dem Rahmen und werden auch auf lange Sicht keine guten Erträge bringen. Zudem wird Frau Reitmayer klar, dass sie sich im Alter nicht mehr um die vielen Immobilien kümmern möchte. Der Verwaltungsaufwand ist ihr jetzt schon zu viel, der Ärger mit einzelnen Mietern kommt hinzu.

Alternativ wird geprüft, wie die Situation wäre, wenn sie zum Ruhestandsbeginn, der in 7 Jahren geplant ist, alle Immobilien verkaufen. Ergebnis: Bei einer konservativen Anlagestrategie wird sich keine Verschlechterung ergeben. Im Gegenteil: Die Rendite könnte verbessert, der Verwaltungsaufwand reduziert werden.

Sechs Objekte verkaufen

Da sich zwei Objekte als „pflegeleicht" erweisen und sich zudem in einer Top-Lage befinden, neigen Reitmayers zu einer **Mischstrategie**. Drei Viertel der Ob-jekte sollen bis zum Ruhestand in 7 Jahren veräußert werden, zwei bleiben im Bestand. Damit sind auch Entscheidungen zu den **Verbindlichkeiten** gefallen. Da etliche Finanzierungen zur Prolongation anstehen, weicht Frau Reitmayer von ihrem ursprünglichen Plan einer Langfristfinanzierung ab. Die Darlehensverträge werden „ruhestandskongruent" abgeschlossen. Die Zinsbindungen enden rechtzeitig vor den vorgesehenen Veräußerungszeitpunkten zum Ruhestandsbeginn. Dies führt zu einer Liquiditätsentlastung und damit zu einer Renditeerhöhung für die nächsten Jahre.

Sorgen bereiten jedoch die Lebensversicherungen. Die ursprünglich kalkulierten Auszahlungen fallen deutlich geringer aus. Damit ist auch die geplante Finanzierungsstrategie nicht aufgegangen. Die jetzt aufgedeckten Deckungslücken betragen 225.000 €.

Probleme bei Versicherungen

Zusätzliches Problem: Um Prämien zu sparen, wurden bei zwei Versicherungen **die Kinder als versicherte Personen** eingesetzt. Versicherungsnehmer ist Herr Reitmayer. Für den Todesfall der Kinder ist er ebenfalls eingesetzt. Während die übrigen Versicherungen im Todesfall des Vaters fällig werden und zur Tilgung der Darlehen verwendet werden können, trifft dies hier nicht zu. Die erbende Ehefrau muss die erheblichen Prämien weiter bedienen. Ein anderes Problem ist aber gravierender:

Die Geschäftsbedingungen des Versicherers sehen vor, dass im Todesfall des Versicherungsinhabers (hier Herr Reitmayer) die versicherte Person automatisch die Versicherung übernimmt. Dies hat skurrile „Nebenwirkungen“: Der Sohn erhält die Police, zahlt darauf ggf. Erbschaftsteuer und muss die Prämien weiter bedienen. Wird die Versicherung fällig, wird die finanzierende Bank den Betrag erhalten, um die Immobiliendarlehen abzulösen. Nur: Die Immobilien gehören weiterhin der Mutter – so sieht es das Testament vor. Der Versicherung wird nun explizit mitgeteilt, dass im Todesfall von Herrn Reitmayer die Gattin als Versicherungsnehmerin eintritt.

Keine Erbschaftsteuer

Die Eheleute haben sich über ein **Berliner Testament** gegenseitig zum Alleinerben eingesetzt. Die Berechnungen zeigen, dass im Todesfall der Eheleute keine Erbschaftssteuer anfällt. Grund: Da Reitmayers die Zugewinngemeinschaft gewählt haben und beide in die Ehe ohne Vermögen eingetreten sind, steht dem überlebenden Gatten der steuerfreie Zugewinnausgleich zu.

In den nächsten Jahren **wird sich die Situation jedoch ändern**, da auch die Darlehenstilgung weiter voran-

schreitet und die – steuerlich begünstigten – Lebensversicherungen fällig werden. Darüber hinaus besteht die Unsicherheit, dass der Gesetzgeber die Bewertung von Immobilien bei Schenkungen und Erbschaften **deutlich verschlechtert**. Sollte einer der Partner jetzt sterben, können die Kinder zudem ihren Pflichtteil fordern. Beide können – so die Hochrechnung – jeweils über 200.000 € fordern. Dieser ist in bar, nicht in Vermögenswerten, von dem überlebenden Ehegatten an die Sprösslinge zu bezahlen.

Da das Vermögen reicht, um mehr als 150 Jahre alt zu werden, überlegen Reitmayers nun, **Teile ihres Vermögens an die Kinder zu übertragen**. Auf diese Weise nutzen sie die bestehenden steuerlichen Freibeträge aus. Verbunden mit einer notariellen Regelung, dass die Schenkungen auf den Pflichtteil angerechnet werden, kann eine gute Nachlassplanung vorgenommen werden. Auch die Unternehmensnachfolge will das Ehepaar nun gezielt in Angriff nehmen. Hierzu werden u. a. Überlegungen hinsichtlich eines Rechtsformwechsels angestellt.

▸ **Fazit:** Oft steckt das größte Optimierungspotenzial von Selbstständigen und Unternehmensinhabern in der Gestaltung der privaten Finanzen. Vielleicht ein guter Vorsatz für 2004, auch bei der „Einkommensverwendung“ noch mehr Professionalität zu zeigen.

Aktiva					Passiva			
A.	**Immobilien & Sachwerte**				**A.**	**Immobilienkredite**		
	Immobilie (eigengenutzt)					Obj 2 Darl 1	533.124	
	Eigenheim	550.000	550.000			Obj 2 Darl 2	192.312	
	Immobilie (vermietet)					Obj 2 Darl 4	39.380	
	MFH 1	1.250.000				Obj 3 Darl 1	126.263	
	MFH 2	300.000				Obj 3 Darl 2	105.000	
	MFH 3	520.000				Obj 3 Darl 3	42.677	
	MFH 4	1.080.000				Obj 3 Darl 4	45.381	
	MFH 5	780.000				Obj 4 Darl 1	154.709	
	MFH 6	280.000				Obj 4 Darl 2	95.795	
	MFH 7	2.800.000				Obj 5 Darl 1	177.259	
	MFH 8	3.300.000	10.310.000	10.860.000		Obj 5 Darl 2	93.905	
						Obj 5 Darl 3	508.917	
B.	**Versicherungen**					Obj 5 Darl 4	92.076	
	Kapitalversicherungen					Obj 6 Darl 1	376.951	
	Versicherung 1	107.944				Obj 6 Darl 2	108.280	
	Versicherung 2	265.445				Obj 7 Darl 1	166.289	
	Versicherung 3	26.871				Obj 7 Darl 2	202.532	
	Versicherung 4	19.045				Obj 8 Darl 1	2.052.271	
	Versicherung 5	18.508				Obj 8 Darl 2	123.345	
	Versicherung 6	48.991	486.805	486.805		Obj 9 Darl 1	62.532	
						Obj 9 Darl 2	1.423.000	
C.	**Geld & Wertpapiere**		'			Obj 9 Darl 3	850.000	7.571.998
	Bargeld, Girokonto etc.							
	Barmittel / Liquidität	105.853	105.853		**B.**	**Versicherungskredite**		
	Aktienfonds Europa							
	Depot 1	127.200			**C.**	**Wertpapierkredite**		
	Depot 2	381.600	508.800	614.653				
					D.	**Beteiligungskredite**		
D.	**Beteiligungen**							
	Schiffsbeteiligungen				**E.**	**Sonst. Kredite**		
	Schiff	70.000	70.000					
	Unternehmensbeteiligungen				**Verbindlichkeiten**			7.571.998
	OHG-Anteil	250.000	250.000	320.000				
					Nettovermögen			4.709.460
E.	**Sonst. Vermögenswerte**			0				
					Bruttovermögen			12.281.458
Vermögenswerte				12.281.458				

FB vom 12.01.2004

Risikomanagement

Der Tod als Finanz-Risiko

Während Unternehmer mit viel Energie **lukrative Wege zur Vermehrung des eigenen Vermögens diskutieren** und wählen, bleiben die **Wechselfälle des Lebens häufig unberücksichtigt**. Sie aber können eine gut durchdachte Vermögensstrategie zum Kippen bringen. Dies betrifft insbesondere Unternehmerfamilien, die bei einem plötzlich eintretenden Unglücksfall vor einem Scherbenhaufen stehen können.

Besonders das finanzielle Risiko „Tod" wird nach einigen Jahren nicht mehr mit der notwendigen Sorgfalt betrachtet. Wenn im Laufe der Jahre die Arbeit der Firmeninhaber immer mehr zunimmt und der gewünschte Erfolg eintritt, verbleibt wenig Zeit, sich mit dem eigenen Risikomanagement zu beschäftigen. Das Ergebnis: **Unternehmerin und Unternehmer** wägen sich in finanzieller Sicherheit, **prüfen** nicht, ob sich die Versorgungssituation seit Unternehmensstart drastisch verändert hat.

Fall aus der Praxis

Elvira und Eckard Süßenberger sind beide freiberuflich tätig. Frau Süßenberger hat sich als Ärztin in selbstständiger Praxis niedergelassen. Ihr Mann ist Partner einer Steuerberaterkanzlei mit Schwerpunkt Gesellschaftsrecht. Sie haben drei Kinder die zwischen 15 und 20 Jahre alt sind.

Vor 21 Jahren haben beide verschiedene Kapitallebensversicherungen abgeschlossen. Auf Eckards Namen laufen vier Versicherungen, die alle zu seinem 65. Lebensjahr fällig werden. Die Verträge laufen bis Mai 2018. Die Lebensversicherungen von Frau Süßenberger sind vor zwei Jahren fällig geworden. Die 45.000 € wurden zur Tilgung eines Praxisdarlehens verwendet. Zusätzlich hat die Allergologin eine fondsgebundene Lebensversicherung abgeschlossen. Sie wird in 15 Jahren zu ihrem 60. Lebensjahr ausgezahlt.

Das Motiv des Rechtsanwalts, vor über 20 Jahren Verträge mit der Assekuranz abzuschließen, war vor allem die Absicherung der (geplanten) Familie. Die Versicherungssummen der vier Verträge belaufen sich derzeit auf 127.000 €.

Doch inzwischen sind sich – nach einem Todesfall aus dem Freundeskreis – die Eheleute unsicher, ob sie im Falle des Todes ausreichend abgesichert sind. In der Beratung mit einem örtlichen Versicherungsvertreter meint dieser, die Eheleute seien deutlich unterversichert. Mindestens 300.000 € sollten für den Todesfall abgesichert werden. Eine Finanzmaklerin vor Ort, die Frau Süßenberger als Patientin betreut, hält dagegen den Betrag für viel zu hoch. Die Hälfte – so die Aussage der Beraterin – müsste reichen.

Versicherungs(be)rater?

Süßenbergers erleben das, was viele Unternehmer berichten. Das private Risikomanagement basiert häufig nur auf Schätzungen, selten auf fundamentalen Daten. Grund: **Für die Erhebung der Versorgungslücken ist etwas Mühe nötig.** Diese lohnt sich für viele Versicherungsverkäufer nicht, denn besonders die Provisionen für reine Risikoversicherungen (z. B. Risikolebensversicherungen) sind zu gering, um ins Detail zu gehen. **Daher wird das Ermitteln der Versicherungssummen schnell zum „Ratespiel".** Da die Eheleute ihren Ruhestand zum 65. Lebensjahr geplant haben und bereits wissen, dass dieser ausreichend abgesichert ist, **sind die nächsten 14 Jahre Basis für die Berechnung.**

Ausgaben summieren (sich)

Für ihren Konsum geben die Eheleute monatlich ca. 2.000 € aus. Zusätzlich werden die drei Kinder versorgt. Dies schlägt noch einmal mit gut 1.500 € im Monat zu Buche. Der Betrag wird sich noch erhöhen, denn **alle drei Kinder wollen studieren.** Hierfür planen die Eheleute eine zusätzliche Unterstützung von 600 € je Kind und Monat ab Studienbeginn. Für den ältesten Sohn, der im ersten Semester Jura studiert, wird der Betrag bereits fällig. Geplante Studienzeit: 5 Jahre. Der zweite Sohn wird in 2 Jahren mit dem Studium starten, die Tochter in 5 Jahren. Nach der Ausbildung sollen die Kinder ohne Unterstützung auskommen können.

Leider sind **Konsumwerte keine konstanten Größen.** Die Eheleute müssen die Steigerung der Lebenshaltung mit berücksichtigen. Daher erhöhen sie die Beträge jeweils um 2%. Für die jüngste Tochter, die „planmäßig" in 5 Jahren studieren wird, beträgt der Betrag daher nicht 600 € sondern 662 €.

Darlehensraten konstant

Für den Urlaub geben die Eheleute 6.000 € im Jahr aus. Auch dieser Betrag ist jährlich zu erhöhen. Nur die Kreditraten für das Eigenheim bleiben konstant. Diese sind für die nächsten 12 Jahre festgeschrieben. Für die letzten 2 Jahre bis zum Ruhestandsbeginn planen Süßenbergers keine Erhöhungen ein. Die Darlehenskosten gehen mit 26.000 € pro Jahr in die Kalkulation.

Die Hauskosten beziffern die Eheleute mit 6.000 €, stetig steigend. Die Versicherungsprämien machen derzeit gut 7.000 € pro Jahr aus. Darin sind auch die Prämien für die Kapitallebensversicherungen für die Altersversorgung enthalten. Auch diese steigen an. Zu guter Letzt buchen die Eheleute noch 2.500 € pro Jahr für „Sonstiges" ein, da sie vielleicht einige Ausgaben vergessen haben. Die beiden Pkws sind Geschäftswagen **Das Ergebnis be-**

eindruckt die Eheleute. **Jedes Jahr geben sie mehr als 70.000 € aus.** In der Spitze sind über 100.000 € nötig, die das „Unternehmen Privathaus" aufbringen muss.

Im Todesfall alles anders?

Im nächsten Schritt müssen sich die Eheleute mit dem Tod auseinander setzen: Was passiert, wenn einer von uns stirbt? Die Lebenshaltungskosten und Urlaubsaufwendungen werden wohl etwas sinken, die Darlehen müssen aber weiter bedient werden. Die Kinder sollen weiterhin gut versorgt bleiben. Dennoch: Die Eheleute rechnen zunächst aus, wie viel Versorgungskapital sie benötigen, wenn sie nichts an den Zahlen ändern. Ergebnis: Wenn keinerlei Einkommen mehr vorhanden wäre, **müsste Frau Süßenberger einen Betrag von 1.778.000 € zur Verfügung haben, um bei einem Zinssatz von 3% nach Steuern den ermittelten Zahlungsstrom bedienen zu können.** Dies ist die vorläufige Versorgungslücke zum heutigen Zeitpunkt.

Doch dies ist nur die halbe Wahrheit. Sollte Herr Süßenberger versterben, werden zunächst die **Lebensversicherungen** fällig. Dieses Versorgungskapital steht dann zur Verfügung. Problem: Dieses Geld ist eigentlich für die Altersversorgung gedacht, daher berücksichtigen Süßenbergers den Betrag für ihre Risikoplanung nicht.

Das **Versorgungswerk** des Steuerberaters wird eine Witwenrente in Höhe von 60% der Altersrente zahlen. Der Anspruch beläuft sich auf gut 1.700 € pro Monat. Weiterhin will Frau Süßenberger im Fall der Fälle weiterarbeiten. Ihr Einkommen, das nach Steuern 60.000 € ausmacht, bleibt erhalten. Zusätzlich kommen aus der betrieblichen Altersversorgung von Herrn Süßenberger weitere 2.000 € als Witwenrente. Obwohl solche Renten auch Steigerungsraten vorsehen, planen die Eheleute diese nicht mit ein – sicher ist sicher.

Unter dem Strich überrascht das Ergebnis. Die Eheleute sind für den Todesfall von Herrn Süßenberger ausreichend abgesichert. Gleiches gilt – so die Parallelrechnung – auch für den Todesfall von Frau Süßenberger. Die Einnahmen reichen auch nach Berücksichtigung der Steuern aus, um alles bezahlen zu können.

Geld für die Pflichtteile

Im Zuge ihrer Planungen haben sie aber **ein anderes Problem entdeckt**: Da sich beide gegenseitig als Erben für den Fall des Todes eingesetzt haben („Berliner Testament"), sind die **Kinder für den ersten Erbgang faktisch enterbt**. Daher **könnten die Kinder ihren Pflichtteil fordern.** Dieser ist in bar zu liefern. Ein befreundeter Rechtsanwalt ermittelt die möglichen Pflichtteilsforderungen und beziffert diese auf maximal 30.000 € je Kind. Dieses Geld haben die Eheleute jedoch nicht ohne weiteres flüssig, da sie ihr Geld im Todesfall als Ruhestandsgeld benötigen. Die Eheleute haben nun zwei Möglichkeiten: Entweder sie regeln ihr Testament neu und beziehen die Kinder mit ein (z. B. Pflichtteilsverzichtsregelungen). Oder sie schließen über diese Summen eine Risikolebensversicherung ab.

▸ **Wichtiger Gestaltungshinweis:** Frau Süßenberger sollte ihren Mann versichern und die Prämien zahlen, Herr Süßenberger seine Frau. Grund: Im Todesfall erhalten die überlebenden Ehegatten den Versicherungsbetrag erbschaftssteuerfrei, da sie die Prämien gezahlt haben und Versicherungsnehmer sind.

Kosten für die Versicherungen: Eine Versicherungssumme von 90.000 € kostet bei einem günstigen Direktversicherer für die nächsten 15 Jahre für Herrn Süßenberger (versicherte Person Frau Süßenberger) 270 € im Jahr, für Frau Süßenberger (versicherte Person Herr Süßenberger) 370 € im Jahr.

Ausgaben Jahr	Konsum	Sohn 1	Sohn 2	Tochter	Urlaub	Darlehen	Hauskosten	Vers.	Sonstiges	Summe
1	24.000	13.200	6.000	6.000	6.000	26.000	4.000	7.000	2.500	94.700
2	24.480	13.464	6.120	6.120	6.120	26.000	4.080	7.140	2.550	96.074
3	24.970	13.733	13.733	6.242	6.242	26.000	4.162	7.283	2.601	104.966
4	25.469	14.008	14.008	6.367	6.367	26.000	4.245	7.428	2.653	106.546
5	25.978	14.288	14.288	6.495	6.495	26.000	4.330	7.577	2.706	108.157
6	26.498		14.574	14.574	6.624	26.000	4.416	7.729	2.760	103.175
7	27.028		14.865	14.865	6.757	26.000	4.505	7.883	2.815	104.719
8	27.568			15.163	6.892	26.000	4.595	8.041	2.872	91.130
9	28.120			15.466	7.030	26.000	4.687	8.202	2.929	92.433
10	28.682			15.775	7.171	26.000	4.780	8.366	2.988	93.762
11	29.256				7.314	26.000	4.876	8.533	3.047	79.026
12	29.841				7.460	26.000	4.973	8.704	3.108	80.087
13	30.438				7.609	26.000	5.073	8.878	3.171	81.169
14	31.047				7.762	26.000	5.174	9.055	3.234	82.272

FB vom 19.04.2004

II. Anlageklassen / Produkte

Wertpapiere

Sichere Zinsen

Hohe Zinsen, kein Risiko und jederzeitige Verfügbarkeit – dies ist der verständliche Wunsch vieler Anleger, wenn es um die Geldanlage geht. Doch jeder weiß, dass dieser Traum **nicht realisierbar** ist. Dennoch versuchen die Marketingexperten der Banken, Versicherungen und Finanzvertriebe immer wieder den Eindruck zu vermitteln, dass (zumindest in Teilen) die „Quadratur des Kreises" möglich ist. In den letzten Monaten wurden vermögende Unternehmer mit zahlreichen scheinbar attraktiven Angeboten konfrontiert, die eine hohe Rendite versprechen. Und tatsächlich: Auf den ersten Blick lohnt sich die Kapitalanlage in sogenannte „Inhaber-Teilschuldverschreibungen". Der zweite Blick sollte aber nicht fehlen.

6% und mehr

Aktuell auf dem Markt ist z. B. das **Angebot der Wohnungsbaugesellschaft Leipzig West AG.** Sie gibt ein Wertpapier heraus, das dem Anleger nominal 6,75% Zinsen pro Jahr garantiert. Laufzeit: bis 31. Oktober 2008. Glaubt man den Angaben des Prospekts, so sind die Zinsen sicher; es droht auch kein Kursverlust. Außerdem scheint eine Wohnungsbaugesellschaft eine „sichere Bank" zu sein, denn sie besitzt gewöhnlich viele Immobilien.

Neben den hohen Zinsen werden weitere Vorzüge des Angebots hervorgehoben: Keine Haftung für die Verbindlichkeiten der Gesellschaft und keine Kosten für Erwerb und Verwahrung des Papiers.

Auf den Zahn gefühlt

Um das Angebot beurteilen zu können, ist ein Blick auf das derzeitige Zinsniveau wichtig. Die Anleihe läuft bis Oktober 2008 und bietet damit für eine Laufzeit von ca. 4 Jahren und 4 Monaten 6,75% Zinsen. Welche Rendite darf der Investor erwarten, wenn er sich für eine Bundesanleihe entscheidet? Ca. 3,5% p. a..

„Sichere Renditen" – Emissionsrenditen öffentlich-rechtlicher Daueremittenten					
Laufzeit	1 Jahr	2 Jahre	3 Jahre	4 Jahre	5 Jahre
Rendite p. a.	2,39	2,85	3,22	3,53	3,78
Laufzeit	6 Jahre	7 Jahre	8 Jahre	9 Jahre	10 Jahre
Rendite p. a.	3,98	4,15	4,30	4,42	4,52

Stand: 3.06.2004

Der Unterschied ist also gewaltig: Der Anleger erhält fast den doppelten Ertrag im Vergleich zur Bundesanleihe. Nur: Ob die Zahlungsverpflichtungen wirklich erfüllt werden, ist nur bei der Bundesanleihe sicher – nicht aber bei der „Inhaberschuldverschreibung" der Wohnungsbaugesellschaft.

„Inhaberschuldverschreibungen" sind in Deutschland eine alltägliche Anleiheart. Schließlich geben viele Banken und Sparkassen solche Papiere heraus. Doch nicht die Form der Anleihe ist entscheidend, sondern die Zuverlässigkeit und Bonität des Herausgebers (Emittenten).

Genau bei diesem Punkt wird die Anlageentscheidung schwierig: Es sind für Außenstehende keine fundierten und verlässlichen Daten vorhanden, um die Qualität der Wohnungsbaugenossenschaft beurteilen zu können. Zwar schreibt das Unternehmen „Darüber hinaus sichert unsere Firmenphilosophie – Erhalt des Bewährten, Erweiterung mit Augenmaß, ständige marktorientierte Anpassung an den Bedarf – und die langfristige Geschäftsplanung den Erfolg des Unternehmens". Doch stellt sich die Frage, warum das Unternehmen seine Refinanzierung nicht auf traditionellen Wegen regelt. Ein Immobilienunternehmen müsste grundsätzlich auch für Banken interessant sein. Augenscheinlich hat sich die Wohnungsbaugesellschaft nicht für die Bankfinanzierung entschieden – oder die Banken haben sich gegen die Wohnungsbaugesellschaft entschieden. Klarheit bekommt der Anleger darüber aber nicht.

Fragen über Fragen

Offen bleibt auch der Verwendungszweck der Anlegergelder. **Wofür nutzt das Unternehmen die Beträge?** Für eine gesunde Firma ist eine Finanzierung dann sinnvoll, wenn sie einen höheren Ertrag bringt, als die Darlehenskosten betragen. Neben den 6,75% Zinsen pro Jahr müssen auch die nicht unerheblichen Emissionskosten bezahlt werden. Hohe Renditen lassen sich heute aber nicht mit Immobilien, sondern eher über Beteiligungsgeschäfte erzielen. Fragen über Fragen ... und keine befriedigenden Antworten, die für den gewöhnlichen Anleger schnell zu erhalten sind. **Eine mangelhafte Informationsbasis sollte aber grundsätzlich jeden Investor von einer positiven Anlageentscheidung abschrecken!**

Markt belebt sich

In den vergangenen Wochen flatterten deutschen Unternehmerhaushalten noch weitere Offerten ins Haus. So auch die 7% Inhaberschuldverschreibungen der DM Beteiligungen Aktiengesellschaft. Auch hier sieht der Flyer in dunklem Blau vielversprechend aus. Laufzeit fünf Jahre, feste Zinsen, Rückzahlung zu 100%. Aber eine Risikoaufklärung fehlt (verständlicherweise) völlig. Unter dem Titel „Begriffserklärung" wird die Flexibilität von Schuldverschreibungen erläutert: „Auch vor Fälligkeit können die Teilschuldverschreibungen jederzeit verkauft, übertragen, abgetreten oder verpfändet werden."

Dies stimmt mit Blick auf die rechtlichen Bestimmungen – die Praxis lehrt etwas anderes. Es besteht **kein funk-**

tionierender Markt für solche Anleihen. Der potenzielle Erwerber muss erst einmal gefunden werden. Ob dieser dann 100% des Nennwertes bezahlen will, bleibt fraglich. Die Verpfändung ist grundsätzlich möglich – eine Bank wird diese Schuldverschreibung aber als Risikopapier einstufen und maximal 50% dieser Summe beleihen wollen. Noch wahrscheinlicher ist, dass das Kreditinstitut mangels Informationen das Papier als Sicherheit für Kredite überhaupt nicht akzeptieren wird.

Ein Fall aus der Praxis

Gundula Wiedeking, selbständige Designerin, hat die „Magerzinsen" seit langer Zeit satt und findet die beschriebenen Angebote höchst attraktiv. Der Steuer-berater rät aber mit Verweis auf die oben genannten Argumente von einer positiven Anlageentscheidung ab. Auf die Frage nach guten Alternativen mag er keine konkrete Antwort geben und verweist auf ein spezialisiertes Kompetenzcenter für Mandanten von Steuerkanzleien.

Die Botschaft der Experten: Grundsätzlich ist es möglich, deutlich höhere Zinsen zu erhalten. Als Anlageform wird hier von „Unternehmensanleihen" oder „Corporate Bonds" gesprochen. Aber auch Anleihen ausländischer Staaten kommen für hohe Zinszahlungen in Betracht. Wer es sehr riskant wünscht, nimmt „High Yield"-Werte ins Depot. Bei hohen Risiken sind Renditen jenseits der 10% möglich. Aber auch hier gilt die Regel: Je höher die erwartete Rendite, desto höher auch das einzugehende Risiko. Daher: Nicht auf ein Papier setzen, sondern die Anlage streuen. Das führt zwar zu höheren Kosten (Depotgebühren, Spesen, etc.), aber schützt in der Regel vor Totalverlust.

Kontrolle aufwendig

Gundula Wiedeking will 150.000 € anlegen. Anlagedauer: eher unbestimmt, aber mindestens 5 Jahre. Bei diesem Betrag könnte sie mit Hilfe eines Anlageexperten verschiedene Wertpapiere heraussuchen und so die Investition selbst tätigen. Problem: Wenn sich die Bonität des Schuldners ändert, bekommt Frau Wiedeking dies sehr spät – eventuell sogar zu spät – mit. Daher die zweite wichtige Regel: Die Anlageauswahl und die Überwachung sollte einem Expertenteam überlassen werden. Empfehlung für Frau Wiedeking: „Investieren Sie in Investmentfonds, die sich auf diese Anlageklasse spezialisiert haben".

Vorteil: Die Fondsmanager beobachten den Markt im Detail und verkaufen ggf. rechtzeitig, wenn ein einzelnes Unternehmen oder ein Staat als Emittent in Schwierigkeiten kommen. Argentinien ist hier ein gutes Beispiel: Wer diesem Staat sein Geld aufgrund der hohen Zinsen anvertraute, hat es so gut wie ganz verloren. Kluge Investmentfondsmanager hatten rechtzeitig die Reißleine gezogen.

Grundsätzlich sollten Fonds gewählt werden, deren Manager sich relativ frei im Anlagespektrum von höher verzinslichen, risikobehafteten Schuldverschreibungen bewegen dürfen. Grund: Auch in diesem Segment gibt es Marktzyklen. Nach einer Zeit hoher Risikoprämien (= guter Renditechancen) ist der Renditeabstand zwischen sicheren Staatsanleihen und „riskanteren" Unternehmensanleihen geschrumpft. Nachteil dieser Freiheit: Der Anleger weiß nicht genau, wohin sein Geld fließt.

▸ **Fazit:** Gundula Wiedeking entscheidet sich, ihr Geld auf zwei Fonds aufzuteilen und investiert in „Hochzinsländer" (siehe Tabelle). Die Renditeerwartung ist höher – ebenso das Risiko, das sie eingeht. Aber dank des Hinweises ihres Steuerberaters hat sie ihr Geld nicht nach dem Motto „Alles oder Nichts" auf eine Karte gesetzt. Die Anlageentscheidung ist daher fundierter und vernünftiger.

Bezeichnung	WKN	1 Jahr	3 Jahre p.a.	5 Jahre p.a.	Volatilität 3 Jahre
dit-Emerging Markets Bd. A €	986 790	3,34%	12,31%	11,41%	5,75%
Activest Lux Emerging Bond	988 131	2,93%	10,72%	11,58%	3,61%
J. Bär Emerging Bond Euro C	921 857	9,42%	9,41%		8,56%
AMEX Global HighYield Euro	523 366	7,68%	9,06%		3,04%
J. Bär Emerging Bond Euro B	987 567	8,76%	8,65%	10,44%	8,59%
DekaTeam-EM Bond CF	930 904	0,98%	7,99%		6,44%
DekaTeam-EM Bond TF	930 902	0,23%	7,48%		6,33%
J. Bär Emerging Bond Euro A	987 566	8,69%	7,38%	4,83%	8,26%
ADIG RentSpezial	976 964	7,00%	7,33%	8,40%	6,34%
Nordrent-Spezial	848 548	4,37%	7,16%	8,10%	2,82%
ABN Global Emerg.Mkt. Bond USD	988 117	5,01%	5,69%	17,50%	7,53%
Trinkaus Euro high-yield	974 121	5,51%	5,54%	6,45%	3,98%

Quelle: FVBS, alle Angaben ohne Gewähr

FB vom 07.06.2004

Zertifikate

Die neue Kunst des Investierens?

Lange Zeit galten sie als Exoten unter den Kapitalanlagen. Heute sind sie eine feste Größe unter Anlageexperten. Immer mehr Zertifikate finden ihren Platz im Depot vermögender Anleger. Welche Vorteile haben die Papiere? Worauf muss der Erwerber achten? Mit welchen Kapitalanlagen stehen Zertifikate in Konkurrenz? Genug Fragen, um einmal hinter die Kulissen der relativ jungen Anlageart zu schauen.

Der Markt boomt

Der Siegeszug begann vor Jahren mit so genannten Indexzertifikaten. Der Anleger investiert dabei nicht in einzelne Aktien, sondern kauft mit einem Wertpapier den ganzen Index. Hintergrund dieser Anlagestrategie: Nur wenige Vermögensverwalter und Fondsmanager schaffen es, einen Index wie den DAX, DJ EuroStoxx 50 oder MSCI World zu schlagen. Folgerichtig kann der Anleger auch gleich in den Index investieren.

Heute ist der **Markt** für Zertifikate selbst für Experten **komplex** und immer schwieriger zu durchschauen. Die Emittenten kommen nahezu täglich mit neuen Ideen und Zertifikatkonzepten. Dies reicht von Papieren auf die Edelmetall-Indizes über so genannte Discount-Zertifikate bis hin zu Exoten wie ein „Oktoberfest-Zertifikat". Nicht alle Angebote machen für durchdachte Vermögensstrategien Sinn. Doch einige Arten unter den Zertifikaten sind eine echte Bereicherung für den Privatanleger.

Begrenzte Laufzeit

Ein typisches Merkmal von Zertifikaten ist ihre begrenzte Laufzeit. Anders als bei Aktien oder Investmentfonds werden Zertifikate **nur für wenige Jahre aufgelegt.** Am Ende der Laufzeit erhält der Anleger sein Geld zum aktuellen Kurs zurück. Da Anleger diese Begrenzung als Nachteil werteten, hat die Branche für verschiedene Zertifikatvarianten sog. „open end"-Wertpapiere herausgebracht. Diese haben keine feste Laufzeit. Allerdings hat der Herausgeber ein Kündigungsrecht. Frühestens darf er dieses aber nach einer festgelegten Frist (z. B. 5 Jahre) ausüben.

Ein Fall aus der Praxis

Sabine Zagel, erfolgreiche Unternehmerin aus dem Ruhrgebiet, wird bald 50 Jahre alt. Über die Zeit hat sie mit Hilfe ihrer Vermögensverwalterin ein Depot aufgebaut, das aktuell einen Wert von 1.700.000 € hat. Ihr Problem: Ihre Beraterin hat vor zwei Jahren innerhalb der Bank Karriere gemacht und kann sie nicht mehr betreuen. Mit ihrem neuen Berater kommt sie überhaupt nicht zurecht. Irgendwie scheint er Frau Zagel nicht zu verstehen. Die Performance ihres Depots lässt ebenfalls zu wünschen übrig. Im Zuge der Börsenkrise hat Frau Zagel Verluste eingefahren und vor gut 8 Monaten auf Empfehlung ihres neuen Beraters ihr Depot in „ruhigere Gewässer" umgeschichtet. Jetzt, wo die Börse ansteigt, partizipiert sie nur teilweise.

Raus aus der Abhängigkeit

Seit einiger Zeit besucht die Unternehmerin Geldseminare, liest diverse Fachbücher und nimmt jetzt Anlageentscheidungen selbst in die Hand. Die große Abhängigkeit zu einem festen Berater möchte sie aufgeben. Zumindest möchte sie mitreden können. Eine Strategie aus den Seminaren hat sie überzeugt: Den Aktienanteil ihres Depots will sie ausschließlich „passiv" investieren, indem sie weder ein aktives Fondsmanagement noch eine eigene Vermögensverwaltung nutzt, sondern in die Indizes investiert. Dieses Ziel kann Frau Zagel mit Hilfe von Indexzertifikaten umsetzen. Mittlerweile stehen für viele Indizes solche Wertpapiere zur Verfügung (siehe Tabelle).

REGION	INDEX	WKN	EMITTENT
Welt	DJ Global Titans 50	787 331	HVB
Welt	DJ Stoxx 600	825 064	HVB
Welt	MSCI World	699 629	WestLB
USA	Dow Jones Industrial	543 743	ABN AMRO
USA	NASDAQ-100	667 582	Citigroup
Europa	DJ Stoxx50	953 770	HSBC
Deutschland	DAX	586 831	Bankgesell.Berlin
Schweiz	SMI	543 746	ABN AMRO
Großbrit.	FTSE 100	722 376	Deutsche Bank
Japan	TOPIX	905 764	ABN AMRO
Japan	Nikkei 225	667 583	Citigroup
Hongkong	Hang Seng	571 860	ABN AMRO

In 7 Jahren ohne Verlust

Da die Unternehmerin nur noch 10 Jahre arbeiten will, sind riskante Investmentstrategien für sie passé. Aktien bleiben trotz der Kursschwankungen für sie in Ordnung. Ihr Ziel: **Das Depot soll nur ein begrenztes Risiko aufweisen. Spätestens in 7 Jahren soll die Wahrscheinlichkeit sehr gering sein, dass ihre Anlage weniger wert ist als die heutigen 1.700.000 €.** Deshalb sucht Frau Zagel nach der richtigen Zusammensetzung ihrer Wertpapiere. Mittels eines Simulationsrechners, der die moderne Portfoliotheorie berücksichtigt, ist dies relativ einfach zu ermitteln. Die Frage lautet: Wie hoch sollte der **Aktienanteil**, wie hoch der **Rentenanteil** und wie hoch ggf. ein **Immobilienanteil** im Portfolio sein.

Frau Zagel kann zwei Strategien wählen:

1. „simple": Ein Teil der Anlage wird konservativ und sicher angelegt. Der andere Teil wird in ein Zertifikat

investiert, das den weltweiten Aktienmarkt abbildet. Hier bietet sich z. B. ein Zertifikat auf den MSCI World an.

2. „drei Märkte": Der Aktienteil wird in drei Hauptmärkte investiert – USA, Europa und Japan.

Bei der ersten Variante sollten ca. 66% in sichere Werte und 34% in internationale Standardwerte investiert werden. Nach 10 Jahren kann Frau Zagel ein Vermögen von 2.720.000 € erwarten. In mehr als zwei Drittel der Fälle, so das Ergebnis der Risikoprognose, wird das Endvermögen zwischen 2.160.000 € und 3.270.000 € liegen. Das entspricht einer Rendite von 2,46 bis 6,76%. Im 7. Jahr ist die Wahrscheinlichkeit geringer als 10%, dass der Depotwert unterhalb des Einstandswertes liegt. Danach wird ein Verlust immer unwahrscheinlicher.

Auf etwas mehr Rendite kann die Anlegerin hoffen, wenn sie statt eines weltweit anlegenden Zertifikats die drei Hauptmärkte abbildet (Strategie 2). In diesem Fall kann sie **bei nahezu gleichem Risiko** die Aktienquote erhöhen. Der europäische Anteil sollte dann ca. 24% ausmachen. USA und Japan wären dann mit 9 bzw. 6% im Depot vertreten. Der Rest fließt in „sichere" Anlagen.

Die prognostizierte Rendite liegt bei 5,3%. Das Vermögen wird sich demnach auf ca. 2.850.000 € belaufen. Aber auch bei dieser Konstellation sind Schwankungen zu erwarten. Mit einer Wahrscheinlichkeit von 66% wird der Depotwert in 10 Jahren zwischen 2.200.000 € und 3.485.000 € betragen.

Die sicheren Werte

Bleibt jetzt noch die Frage, wie der sichere Teil im Depot der Unternehmerin investiert werden sollte.

Der Simulationsrechner empfiehlt überwiegend offene Immobilienfonds. Rentenwerte finden wenig Beachtung. Dies hat seinen guten Grund – ist doch wegen der aktuellen Marktlage von einer unterdurchschnittlichen Wertentwicklung an den Bondmärkten auszugehen.

Der **europäische Immobilienmarkt** lässt sich derzeit mit einem Zertifikat von Merill Lynch abbilden (WKN 649 546). Doch das Wertpapier hat einen Haken. Es wird als Index die Kursentwicklung von 15 europäischen Immobilienunternehmen hinterlegt. Von einem „ruhigen" Kursverlauf kann daher keine Rede sein. Deshalb muss Frau Zagel auf offene Immobilienfonds zurückgreifen. Hier bieten sich z. B. der CS Euroreal oder der Hausinvest an. Problematisch sind die hohen Ausgabeaufschläge dieser Fonds. Daher sollte Frau Zagel mit ihrer Bank über Rabatte verhandeln. Mindestens eine 50%ige Reduktion der Ausgabeaufschläge sollte möglich sein.

Der europäische Rentenmarkt lässt sich übrigens relativ komfortabel mit Zertifikaten abbilden. So bietet bspw. die WestLB zwei Zertifikate auf den REX-Performance-Index an (WKN 654 100 und 654 200). Dennoch gibt es ein Argument, das gegen eine Investition spricht: Über die steuerliche Einordnung eines solchen Zertifikats besteht noch Unklarheit.

Zertifikate nicht konkursgeschützt

Und noch ein Nachteil muss bei Zertifikaten beachtet werden: Rechtlich handelt es sich um Schuldverschreibungen. Der Zertifikateherausgeber verpflichtet sich beispielsweise bei den Indexzertifikaten, dass der Rücknahmekurs stets dem Index bzw. einem bestimmten Verhältnis zum Index entspricht. Gerät er aber in finanzielle Schieflage, kann er dieses Schuldversprechen nicht einhalten. Somit haben alle Zertifikate ein Bonitätsrisiko, das Investmentfonds konstruktionsbedingt nicht besitzen. Die großen Zertifikatehäuser wie ABN AMRO, UBS etc. sind sicher über jeden Zweifel erhaben. Dennoch sollte dieses Risiko nicht unterschätzt werden.

Doch lieber Fonds?

Um dieses Konkursrisiko zu meiden, könnte Frau Zagel statt Indexzertifikaten auch **Indexfonds** (auch Indexaktien oder ETFs) kaufen. Diese können über die Börse ohne Ausgabeaufschlag erworben werden. Indexchange bietet neuerdings auch einen Rentenindexfonds an. Nachteil der Angebote: Die Managementkosten sind etwas höher als bei Zertifikaten. Aber: Gerät die Fondsgesellschaft in Schieflage, bleibt das Vermögen im Fonds unberührt. Es besteht also ein **Konkursschutz**.

Und noch ein Argument könnte für Indexfonds sprechen. **Dividenden fließen in das Fondsvermögen**. Viele Zertifikate, die nicht Performance-, sondern Kurs-Indizes abbilden, lassen den Anlegern an diesen Gewinnausschüttungen nicht partizipieren.

▶ **Fazit:** Mit Hilfe von Indexzertifikaten kann der „passiv" orientierte Anleger die Komplexität seines Wertpapiervermögens deutlich reduzieren. Frau Zagel kann nun ihr Depot gut selbst managen. Als Bankpartner bieten sich dank der günstigen Transaktionskosten und Depotgebühren besonders Discountbroker an. Die Frage, ob Indexzertifikate oder Indexfonds gewählt werden sollten, ist eher eine „Geschmackssache". Vor- und Nachteile halten sich die Waage.

Der Zertifikatemarkt beschränkt sich jedoch nicht auf Indexprodukte. Einige Produktinnovationen sind besonders für risikobewusste Anleger eine spannende Alternative. Solche Zertifikate werden im Beitrag in 14 Tagen vorgestellt.

FB vom 03.11.2003

Depotoptimierung

„Rest-Risiko"

Mit dem Begriff „Risiko" verbinden deutsche Anleger häufig etwas Unfassbares. Spricht jemand vom „Rest-Risiko", so werden schnell „Unwahrscheinlichkeiten" wie der Absturz eines Jumbojets in ein Atomkraftwerk assoziiert. Wen wundert's, dass der Begriff in der Vermögensberatung lieber vermieden und eher über die Vorteile eines Produktes gesprochen wird. Englischsprachige Anleger sehen dies anders: **„Risk" bedeutet auch Chance**, der Begriff nur „Unsicherheit über den Ausgang" und ist positiv besetzt.

Mit Risiken und Chancen einer Depotanlage kann professionell umgegangen werden – vorausgesetzt, der Anleger weiß, worauf er sich bei seiner Anlageentscheidung wirklich einlässt. Zwar ist jedem Anleger bekannt, dass er das Risiko durch gute Streuung und richtige Auswahl der Einzeltitel reduzieren kann. Dennoch ist es ein – häufig anzutreffender – **Irrglaube, dass eine möglichst große Anzahl von Aktien im Depot liegen muss, um Schwankungen im Depotwert zu begrenzen.**

Fall aus der Praxis

Ehepaar *Petersen* hat umfangreiches Vermögen in Immobilien, Versicherungen und Wertpapieren bei verschiedenen Banken angelegt. Ein Depot besteht ausschließlich aus Aktien und Aktienfonds. Die Anlagestrategie: deutsche und internationale Spitzentitel, „gespickt" mit Investitionen in zukunftsträchtige Märkte oder Branchen. Da Herr Petersen sich überwiegend um die Geldanlage der Familie kümmert, hat er das Depot selbst zusammengekauft. Bei den Einzeltiteln hat ihm der Berater der Hausbank zur Seite gestanden. Die Fonds sind Kaufempfehlungen einer Börsenzeitschrift.

Verluste höher als erwartet

In den letzten Monaten hat sich Herr Petersen wenig um das Depot gekümmert. Der Blick auf die Börsenplätze machte einfach keine Freude mehr. Psychologen, die das Verhalten vieler Anleger untersucht haben, kennen das Phänomen: Nachdem massive Verluste eingefahren wurden, stecken Aktieninhaber „den Kopf in den Sand". Bei Erfolgen wird regelmäßig das Depot kontrolliert. Häufen sich aber Misserfolge und Kursverluste, reduziert sich die Kontrolldichte. Folge: **Werden keine Kurssicherungen wie Stop-loss-Kurse eingesetzt, reduziert sich der Depotwert immer mehr, ohne dass die Anleger das echte Ausmaß mitbekommen** – so auch bei Familie Petersen.

Als die Eheleute sich nach den jüngsten Kursanstiegen wieder einen Blick auf ihre Aktien (siehe unten) „gönnen", sind sie deshalb mächtig geschockt. Das Depot ist mittlerweile von ursprünglich 3.500.000 auf 2.230.000 € geschrumpft. Besonders Frau Petersen hätte einen solchen Kursverfall nicht erwartet. Gerechnet hatten sie mit einem Depotwert zwischen 2.600.000 und 2.800.000 €. Plötzlich sehen sie Handlungsbedarf – schließlich stehen die Ampeln an den Börsen längst noch nicht auf „Grün".

Aktie / Fonds	Kurs	Wert
RWE	23,17 €	278.040 €
Fortis Funds Equity	434,79 €	217.395 €
DaimlerChrysler	28,60 €	243.100 €
DWS Biotec Typ 0	47,44 €	166.040 €
DIT Energiefonds	32,42 €	25.936 €
Adobe	32,10 €	147.018 €
Fielmann	35,40 €	70.800 €
Microsoft	23,00 €	575.000 €
Intel	16,55 €	82.750 €
Deutsche Telekom	12,25 €	61.250 €
Alcatel	7,30 €	65.700 €
Allianz	56,80 €	102.240 €
Epcos	12,85 €	124.645 €
Cisco	13,15 €	71.878 €
27.04.2003	Depotwert	2231.792 €

Psychologische „Schmerzgrenze" erreicht

Was war passiert? Petersens hatten sich nicht die Zeit genommen, sich über die tatsächlichen Unsicherheiten ihrer Anlage Gedanken zu machen. Vielleicht hatten sie auch ein anderes Bild von sich und der Risikoeinstellung ihres Depots. Auf jeden Fall ist das besagte „Rest-Risiko" eingetreten: Die psychologische „Schmerzgrenze" der Eheleute wurde überschritten.

Höhere Rendite – geringeres Risiko

Hilfe bei der besseren Risikostreuung bietet die Methodik zur Depotoptimierung, die auf der Portfoliotheorie von *Harry Markowitz*, dem Nobelpreisträger von 1990, beruht. Seine Arbeiten beweisen, dass durch die optimale Streuung von Risiken wesentlich höhere Renditen bei geringerem Risiko erzielt werden können.

Das Paradoxe: **Das Risiko eines Depots kann auch durch die Verringerung der Anzahl der Papiere reduziert werden.** Risikostreuung entsteht also nicht zwangsläufig dadurch, dass viele unterschiedliche Aktien gekauft werden.

Dies zeigt auch die Depotanalyse der Petersens: Es kann eine höhere Rendite erzielt und gleichzeitig das Risiko gesenkt werden. Dazu müssen fünf Werte aus dem Depot entfernt und zwei Werte reduziert werden. Mit den frei werdenden Anlagebeträgen werden die verbliebenen Aktien und Fonds aufgestockt.

Anzahl der Positionen verkleinern

Zum Verkauf stehen Deutsche Telekom, Alcatel, Allianz, Epcos und Cisco. Grund für den „Rauswurf" ist nicht unbedingt die mangelnde Qualität der einzelnen Aktien. Vielmehr spielt neben der historischen und erwarteten Performance das Zusammenspiel der einzelnen Aktien untereinander (Korrelation) eine große Rolle. So kann das Risiko auch dadurch verringert werden, dass Aktien, deren Kurse nahezu parallel verlaufen, durch weniger „kursverbundene" Werte ersetzt werden. Daher sollten im „Petersen-Depot" auch Intel und Microsoft reduziert werden.

Mehr Fonds im Depot

Mehr Gewicht erhalten dagegen die Investmentfonds. Nach der Umschichtung ist deren Anteil auf über 50% des Depots angestiegen. Der Fortis Fonds wird von bisher 500 auf 811 Anteile erhöht. Die Anzahl der Anteile des DIT Energiefonds steigt auf 9.096. Der Biotechnologiefonds der Deutschen Bank-Tochter DWS wird mit 6.356 Anteilen knapp verdoppelt.

Neues Depot ist „effizient"

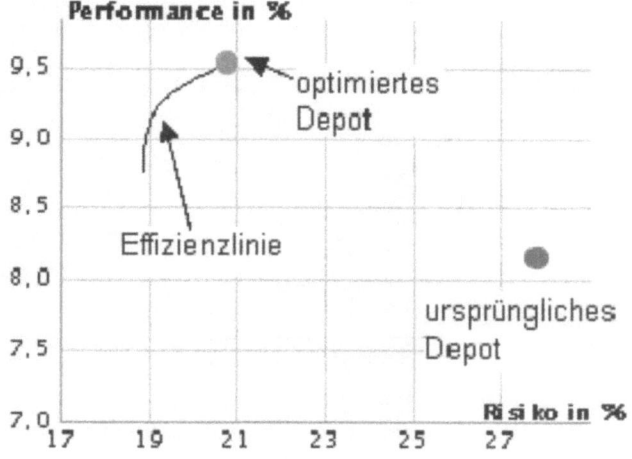

Das Ergebnis der Optimierung: Das Depot liegt jetzt auf der sogenannten „Effizienzlinie" (siehe Abbildung). Das bedeutet, dass es bei dieser Ausgangssituation keine Depotzusammenstellung gibt, die bei gleichem Risiko eine höhere Rendite erwarten lässt. Kurzum: Das theoretische/strategische Optimum ist erreicht. Der Erfolg der Optimierung: Die Rendite e r w a r t u n g steigt von 8,15% auf 9,54% – bei geringerem Risiko.

Hohe Risiken bleiben

Dennoch: **Das Risiko bleibt aufgrund der reinen Aktienanlage groß.** Statt 27,80% lautet der erwartete Risikowert immer noch 20,76%. Zu viel für unser Unternehmer-Ehepaar. In der Beratung wird deutlich, wo eigentlich der Grenzwert der Schwankungen liegen soll: Maximal 15% soll das Depot von der erwarteten Rendite abweichen. Was ist also zu tun?

Weniger Risiko im Depot

Mit einer reinen Aktienanlage ist das Ziel nicht zu erreichen. Zur Beimischung eignet sich z. B. ein offener Immobilienfonds. Die Renditeerwartung für diese Anlage beträgt ca. 5% bei sehr geringen Schwankungen. Da die Petersens die Fondsanteile zum Nettoinventarwert, also ohne Ausgabeaufschlag kaufen können, „schlägt" die Anlage jeden Geldmarktfonds.

Der Anteil des Immobilienfonds wird auf knapp 20% festgelegt. Der Aktienanteil ist somit auf vier Fünftel reduziert. Der Blick auf die Effizienzlinie zeigt es (Abbildung unten): **Trotz Rückführung der Aktienquote ist die Renditeerwartung n i c h t gesunken.** Im Gegenteil: Mit 8,65% ist der Wert noch etwas höher als beim Ausgangsdepot bei nochmals reduziertem Risiko.

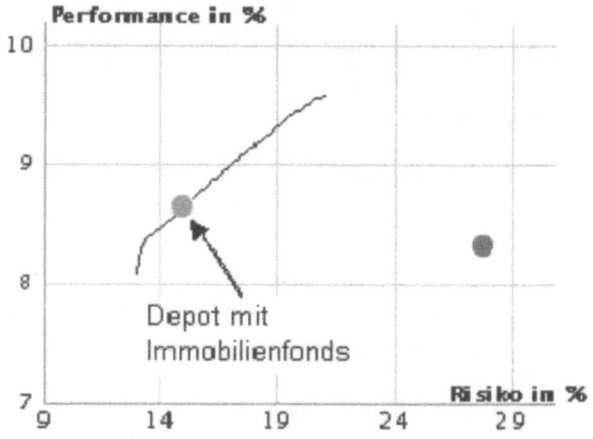

▸ **Fazit:** Das Depot entspricht nun den Wünschen und Anlagezielen, das heißt der Risikobereitschaft der Eheleute. Wenn auch etwas spät – die Eheleute wissen jetzt, welche „Rest-Risiken" mit ihrer Anlage verbunden sind. Und: Petersens werden ihr Depot künftig einmal jährlich gründlich durchleuchten. Und falls sich bei den Anlagezielen und dem Chance-Risiko-Verhältnis neue Präferenzen ergeben, werden sie nicht zögern, den einen oder anderen Vermögenswert „herauszukegeln".

FB vom 05.05.2003

www.fuchsbriefe.de

Lebensversicherungen

Deckungslücken – was tun?

Jahrzehntelang galten Kapitallebensversicherungen als sichere Festung in den sich stark bewegenden Kapitalmärkten. Doch spätestens seit der Schieflage der Mannheimer Versicherung wird klar: Von einer gesicherten Rendite kann heute niemand mehr ausgehen. Ganz im Gegenteil: Derzeit erleben viele Unternehmerinnen und Unternehmer ein böses Erwachen. Die Auszahlungen der Lebensversicherungen fallen erheblich geringer aus als ursprünglich geplant. Wer seine Altersversorgung oder seine Finanzierung mit Lebensversicherungen verbunden hat, muss neu nachdenken.

Fall aus der Praxis

Franziska Liesegang, Inhaberin eines norddeutschen mittelständischen Unternehmens mit 55 Mitarbeitern, traute ihren Augen nicht. Einer ihrer Lebensversicherungsverträge, den sie zur Tilgung eines Immobilien-darlehens vor Jahren abgeschlossen hatte, stellt sich als ihr **finanzielles Sorgenkind** heraus. Der Finanzplaner eröffnet ihr, dass die Lebensversicherung nicht in 17, sondern in 27 Jahren fällig wird. Natürlich hatte Frau Liesegang davon gehört, dass die Überschussbeteiligungen der Versicherungen reduziert werden. Ihre Erwartung: eine kleine Deckungslücke von fünf- oder zehntausend Euro. Doch dass die Auswirkungen so dramatisch sind, damit hatte sie nicht gerechnet.

Der Grund für diese massive Verschlechterung der Police liegt an der besonderen Konstruktion des Vertrags. Die Auszahlung der Lebensversicherung ist nicht an einen bestimmten Termin, sondern an ein festes „Ereignis" geknüpft: Die Versicherung wird dann ausgezahlt, wenn der Rückkaufswert die prognostizierte Zielsumme von 300.000 € erreicht. Das war ursprünglich für 2020 vorgesehen. In der neuesten Mitteilung wird das Jahr 2030 angegeben.

Böse Überraschung

Die Folgen für Franziska Liesegang sind erheblich. Grund: Die Police ist an die Bank abgetreten. Das Darlehen sollte im Jahre 2020 vollständig durch die Zahlung der Versicherung zurückgezahlt werden. Bis dahin zahlt Frau Liesegang laut Planung jährlich Zinsen in Höhe von 18.600 € an die Bank. An die Versicherung werden jährlich 4.100 € überwiesen.

Die Rechnung bei Abschluss der Finanzierung: **Gesamtaufwendungen** bei 28 Jahren Darlehenslaufzeit (konstante Zinsen vorausgesetzt) beträgt 635.600 €.

Nach den neuen Informationen sehen die Zahlungen anders aus. Steuert Frau Liesegang nicht mit geeigneten Maßnahmen gegen, muss sie mit **227.000 € Mehraufwand** rechnen. Sie spürt die Turbulenzen bei der Assekuranz besonders stark, denn der von ihr gewählte Versicherungstarif mit variabler Laufzeit ist eine besondere Variante unter den Versicherungsangeboten.

Ihr Bruder Klaus, Mitgesellschafter im gemeinsamen Betrieb und 40 Jahre alt, hat ein ähnliches Problem: Auch seine Versicherungsgesellschaft, die zur Tilgung eines Darlehens vorgesehen ist, meldet einen Renditerückgang. Herr Liesegang hat einen „Normaltarif" gewählt: feste Gesamtlaufzeit 20 Jahre. Fällig wird die Versicherung in 15 Jahren. Er spürt also die Auswirkungen der gesenkten Überschussbeteiligungen durch die geringe Auszahlung erst im Jahr 2018: Ursprünglich waren 650.000 € angekündigt, jetzt sind es nur noch 551.000 €.

Es trifft alle

Einige Versicherer wie die Mannheimer hat es besonders stark getroffen. Statt üppigen 6% Gesamtverzinsung wird nur noch die Garantieverzinsung von 3,5%, 4% oder 3,25% (abhängig vom Jahr des Vertragsabschlusses) gutgeschrieben. Doch es gibt auch positive Erfahrungen (siehe auch Tabelle): Die Debeka z. B. konnte sich dem Trend entgegenstellen. Grund: Die Gesellschaft verzichtete auf hohe Aktienquoten und investierte überwiegend in Rentenwerte. Der Erfolg: Die Gesamtverzinsung in 2002 betrug 6,4% und in 2003 6,8%. Zum Vergleich: Einige Häuser schafften in diesem Jahr nur 5% oder weniger.

Die Erfolgreichen	
Unternehmen	Gesamtverzinsung 2003 *
Debeka	6,80
Europa	6,10
Alte Leipziger	6,60
Nürnberger	6,00
Karlsruher	6,00
* in %; Quelle: Wirtschaftswoche	

Doch auch die Debeka kann sich dem Trend sinkender Kapitalmarktverzinsung nicht ganz entziehen. Daher hat sie ihren Versicherten vor kurzem mitgeteilt, dass sie für 2004 die Überschussbeteiligungen absenken wird. Genaueres ist noch nicht bekannt.

Was tun?

Franziska und Klaus Liesegang sollten auf die neue Entwicklung reagieren. Bruder Klaus muss 100.000 € Lücke ausgleichen. Doch welches ist die richtige Variante für ihn?

1. **Abschluss einer neuen Versicherung.** Der Versicherungsvertreter gibt folgenden Tipp: Er soll eine Rentenversicherung abschließen. Laufzeit 15 Jahre, Jahresprämie 4.600 €. Vorteil: keine

Risikokosten, da der Tod nicht mitversichert ist. Im Jahre 2020 fließen 100.000 € als Kapitalleistung zu – natürlich auch nur ein ungefährer Wert. Zusammen mit der alten Versicherung kann er dann das Darlehen vollständig tilgen. Aufwand zum Schließen der Deckungslücke: 55.200 €. Wenn der Bruder genau nachrechnet, kommt er auf eine Rendite seiner eingezahlten Beträge von ca. 4,5%.

Da die Geschwister Liesegang auch Aktienanlagen zugetan sind, erscheint der Abschluss einer deutschen Lebensversicherung zu „langweilig". Die Alternative: britische Lebensversicherungen. Diese halten im Deckungsstock einen großen Aktienanteil, das erhöht die Renditeerwartung, aber auch das Risiko.

Das Angebot: Statt 4.600 € zahlt der Unternehmer lediglich 4.350 €, um nach 15 Jahren die gleiche Ablaufleistung zu erhalten.

Noch spekulativer: der Abschluss einer fondsgebundenen Versicherung. Im Gegensatz zu den Briten nimmt der Unternehmer bei dieser Form der Versicherung vollständig am Auf und Ab der Börsen teil. Stürzt die Börse kurz vor Ende der Laufzeit ab, wird das gewünschte Renditeziel nicht erreicht. Bei einer durchschnittlichen Wertentwicklung der Fonds von 7% reichen 3.900 € Jahresprämie, um die gewünschten 100.000 € nach 15 Jahren zu erreichen – so das Angebot eines Direktanbieters.

Steuerfreiheit

Alle Angebote haben einen **Vorteil**: Die Auszahlungen sind steuerfrei. Da Liesegangs dem Fiskus stets die Spitzensteuersätze zahlen, spricht also einiges für eine Versicherungslösung – vom wenig attraktiven Angebot ihres Versicherungsagenten einmal abgesehen.

Geld „reservieren"

2. Unternehmer Liesegang hat eine weitere Variante zur Verfügung, um die Deckungslücke zu schließen: Er **„reserviert"** einfach einen Teil seines übrigen Vermögens, um nach 15 Jahren den Fehlbetrag auszugleichen. Anlageform: Investmentfonds. Je nach Risikofreudigkeit und Renditeerwartung können reine Aktienfonds, Immobilienfonds oder Rentenfonds gewählt werden. Sinnvoll ist wohl eine Mischung aus allen drei Formen.

Wie viel Herr Liesegang heute zurücklegen muss, zeigt die nachfolgende Tabelle. Bei einer durchschnittlichen Wertentwicklung einer Aktienanlage von 7% sind 36.245 € Einzahlung der korrekte Wert. Seine Schwester, die in 17 Jahren Geld zur Schließung der Deckungslücke benötigt, muss 31.657 € reservieren. Aber: Bei dieser Strategie muss berücksichtigt werden, dass jedes Jahr auf die Dividenden und Zinserträge Steuern gezahlt werden.

Notwendige Einzahlung bei einer Endauszahlung von 100.000 €				
Rendite (p. a.)				
Laufzeit in Jahren	4%	5%	6%	7%
10	67.556 €	61.391 €	55.839 €	50.835 €
15	55.526 €	48.102 €	41.727 €	36.245 €
17	51.337 €	43.630 €	37.136 €	31.657 €
20	45.639 €	37.689 €	31.180 €	25.842 €
25	37.512 €	29.530 €	23.300 €	18.425 €

Wollen die beiden einer solchen Steuerpflicht entgehen, stehen ihnen wieder die o. g. Versicherungslösungen zur Verfügung – diesmal in einer Sonderform. Beispiel: Klaus Liesegang zahlt an die britische Versicherung keine regelmäßigen Beträge, sondern einen Einmalbetrag. Dieser wird dann intern auf fünf Jahresprämien aufgeteilt. Um 100.000 € nach 15 Jahren zu erhalten, verlangt der Versicherer knapp 45.000 € Einzahlung.

Zahlung einstellen

Es gibt weitere überlegenswerte Strategien im Fall Liesegang: Beide könnten die Beitragszahlungen an die Lebensversicherungen nach der herben Enttäuschung einstellen. Der aktuelle Rückkaufswert der Versicherung bliebe erhalten und würde sogar noch weiter verzinst. Problem: Die finanzierende Bank wird unzufrieden, da die Sicherheiten nicht mehr bedient werden. Werden bestehende Verträge angerührt, kommen schwierige Verhandlungen mit dem Bankberater auf die Geschwister zu. In der Regel wird das Kreditinstitut einen mindestens gleichwertigen Ersatz verlangen.

Das gilt auch für die letzte Variante, die Liesegangs zur Verfügung steht: Sie können den Vertrag kündigen und den aktuellen Rückkaufswert von der Versicherung einfordern. Problem im Fall von Bruder Klaus: Da noch keine 12 Jahre Laufzeit vorbei sind, müssen Kapitalertragsteuern gezahlt werden – laut Angabe der Versicherungsgesellschaft in Höhe von 1.300 €.

Ist das Guthaben auf dem Konto, können sie jeweils überlegen, wie sie das Geld anlegen. Dazu stehen die o. g. Varianten zur Verfügung. Besonders die letzten beiden Varianten sollten nicht ohne Detailprüfung durch einen Finanzplaner oder Versicherungsberater erfolgen. Dabei handelt es sich hauptsächlich um eine finanzmathematische Fragestellung: Wie hoch ist die „Restrendite" des alten Vertrags, wenn er normal fortgeführt oder beitragsfrei gestellt wird? Gibt es eine höher verzinste Alternative für das frei werdende Geld? Falls ja, sollte der bestehende Vertrag verändert werden.

Die Geschwister entscheiden sich für die Weiterführung der bisherigen Verträge und schließen die Deckungslücke durch eine Einmalzahlung in eine Versicherung. In ihrem Fall die für sie beste Lösung – das Thema Deckungslücke ist damit vom Tisch.

FB vom 01.12.2003

www.fuchsbriefe.de

Rente auf Kredit

Konzepte für Unternehmer

Der Aufbau einer fundierten Altersversorgung ist für Unternehmer ein wichtiger Bestandteil der Vermögensstrategie. Diese Zielgruppe wird daher von Finanzvermittlern, Bank- und Versicherungsberatern stark umworben. Ein Finanzprodukt ist dabei in den letzten Jahren in den Vordergrund getreten: **die fremdfinanzierte Lebens- und Rentenversicherung**. Die Meinungen zu diesen Offerten gehen weit auseinander: Für manche ist das die „eierlegende Vollmilchsau" unter den Vorsorgeprodukten. Für Kritiker ist sie eine risikoreiche Kombination verschiedener Finanzprodukte, bei der vor allem der Vertrieb profitiert.

Die Vorteile

Möchte man den Argumenten der Vermittler Glauben schenken, liegen die Vorteile auf der Hand:

- **Vorsorge**: Die gesetzliche Rente reicht bei weitem nicht für eine gesicherte Finanzierung des aus. Dies gilt in besonderem Maße für Unternehmer und Selbstständige, die ihre Altersversorgung i. d. R. selbst organisieren müssen.

- **Steuervorteile**: Da im Zeichnungsjahr und in der Finanzierungszeit erhebliche Aufwendungen für Gebühren und Kreditzinsen anfallen, kann sich der Anleger über eine Steuerentlastung freuen. Besonders Spitzenverdiener profitieren davon. Je nach Konstruktion gelingt es etlichen Anbietern, die steuerlichen Anfangsverluste so zu gestalten, dass sich der Eigenkapitaleinsatz im ersten Jahr auf ein Minimum reduziert. Darüber hinaus kann Einkommen in Jahre mit geringerem persönlichen Steuersatz verlagert werden. Aus der Steuerstundung wird so eine echte Steuerersparnis.

- **Höhere Renditen:** Dank der günstigen Kreditzinsen übersteigen die Erträge der Rentenversicherung die Schuldzinsen. Der weise Kaufmann nutzt diese Zinsvorteile aus, um seine Eigenkapitalrendite zu erhöhen. Das Argument zeigt das wahre Wesen der Rentenversicherungen auf Kredit: Es handelt sich um ein Zinsdifferenzgeschäft. Aus einer möglichen großen Differenz zwischen Kapitalanlagezins und Finanzierungszins soll eine attraktive Eigenkapitalrendite erzielt werden. In der Betriebswirtschaftslehre heißt dieses Phänomen „Leverage-Effekt".

Zinsdifferenzgeschäfte sind höchst **interessant und lukrativ, wenn sämtliche Parameter bekannt und sicher sind**. Dies ist leider bei keinem der Angebote der Fall. Leverage-Modelle können auch ein großes Verlust-

geschäft für den Anleger werden. Dies ist der Fall, wenn die Kapitalanlage die gewünschte Rendite nicht erreicht und die Aufwendungen für Zins und Konstruktion des Produktes die Habenzinsen übersteigen. Deshalb ist es wichtig, die Chancen und Risiken der Angebote abzuwägen.

Fall aus der Praxis

Peter Rosenfeld, 45 Jahre, selbstständiger Unternehmensberater, möchte in seine Altersvorsorge investieren. Zusammen mit seiner Frau verfügt er über ein zu versteuerndes Jahreseinkommen in Höhe von 200.000 €. In gut 15 Jahren wollen die Eheleute in den Ruhestand gehen. Die beiden Kinder sind dann 25 und 22 Jahre alt. Der Anlagewunsch: Mit der kreditfinanzierten Rentenversicherung soll in ca. 15 Jahren eine monatliche Zusatzrente i. H. v. 1.500 € ausgezahlt werden.

Das Angebot, sich auf intelligente Weise eine Zusatzversorgung für das Alter aufzubauen, kommt Familie Rosenfeld gerade recht. Die geplante Finanzierungszeit bei fremdfinanzierten Rentenmodellen liegt zwischen 10 und 16 Jahren. Läuft alles nach Plan, sind zum Ruhestand die Verbindlichkeiten zurückgeführt.

Zudem ist Rosenfelds jede steuerliche Entlastung willkommen. In diesem Jahr sind knapp 81.500 € an den Fiskus abzuführen. Jeder Euro, den die Eheleute weniger versteuern müssen, bringt mehr Geld in die Kasse.

Zwei Angebote

Die Unternehmerfamilie erhält zwei Angebote von renommierten Anbietern der Branche (siehe Übersicht). Beide Angebote haben eines gemeinsam: Es wird ein Kredit aufgenommen, der in eine Versicherung eingezahlt wird. Ab sofort gibt es Rentenzahlungen, die aber erst einmal für die Zins- und Tilgungsleistung benötigt werden. Außerdem wird in einem Extratopf das Tilgungskapital angespart. Nach ca. 15 Jahren ist das Darlehen zurückgezahlt. Die Versicherungsrente steht dann frei zur Verfügung.

Doch im Detail unterscheiden sich beide stark voneinander. Das erste Angebot nutzt als „Rentenbaustein" eine **Leibrentenversicherung gegen Einmaleinzahlung** eines deutschen Versicherers. Leibrentenversicherungen sind eine „Wette" mit der Versicherung. Die Gesellschaft „hofft", dass der Versicherte eher, als die statistische Lebenserwartung prognoziziert, verstirbt. Dann hat die Gesellschaft einen Mehrertrag. Leben die Kunden länger, muss die Versicherung weiter zahlen.

Rosenfelds sollen 366.000 € an die Versicherung überweisen. Diese zahlt dann ab sofort eine Gesamtrente von 1.504 € pro Monat, die jedoch in den ersten 15 Jahren für das Darlehen verwendet werden.

Das Angebot 2 sieht ebenfalls vor, dass 1.500 € pro Monat als lebenslange Rente fließen. Basis des neuen Angebots ist aber eine britische Lebensversicherung gegen Einmalbetrag. Es handelt sich um eine **Kapitalanlage** (Pool), aus der Stück für Stück die „Rente" entnommen wird. Je nach Höhe der Entnahme wird das Geld langsamer oder schneller verbraucht. Wichtig ist auch: Erwirtschaftet die Versicherungsgesellschaft gute Renditen, bleibt das Kapital eventuell trotz Rentenzahlung erhalten. Ist der Ertrag geringer als prognostiziert, ist das Geld u.U. schon vor Lebensende verbraucht. Eine **Garantie auf lebenslange Rente besteht daher nicht!**

Auch in der Anlagestrategie unterscheidet sich die britische Gesellschaft von der deutschen Gesellschaft. Die Briten investieren überwiegend in Aktien – mit der damit verbundenen höheren Renditeerwartung:

Renteninstrument	Modell 1	Modell 2
Art	deutsche Leibrentenversicherung	britische LV „With-Profit-Funds"
Einzahlung	366.000 €	165.000 €
Rentengarantiezeit	38 Jahre	keine
Darlehen		
Währung	CHF	Euro
Darlehenshöhe in Euro	406.667 €	226.800 €
Investmentfonds (zur Tilgung)		
Einzahlung zu Beginn	21.960 €	65.715 €
laufende Einzahlungen p. a.	12.516 €	0 €
kalkulierte Rendite	7,50%	9,00%
Darlehen kann abgelöst werden in	16 Jahre	15 Jahre
laufende Belastung	zw. 472 € u. 822 € pro M.	zw. 20 € u. 200 € pro M.
jährliche „Rente" nach Finanzierungsende		
im 17. Jahr	18.045 €	18.225 €
steuerpflichtiger Anteil	51% (Ertragsanteil)	ca. 70%, ansteigend (Zinsanteil der Entnahme)
Rentensteigerung pro Jahr	nein	1%

Was tun?

Nach zwei „Beratungsgesprächen" ist die Verwirrung für das Ehepaar groß. Welches ist nun das bessere Angebot? Entscheidend ist, dass der „Rentenbaustein" eine deutlich bessere Rendite erwirtschaftet als der Fremdkapitalzins, sonst ist das Investment sinnlos.

Die Rentengarantiezeit der Rentenversicherung des Modells 1 beträgt 38 Jahre. Erfüllt die Versicherung lediglich genau diese Garantiezahlung (weil Rosenfelds zuvor verstorben sind), beträgt die Rendite 3,8%. Dagegen beläuft sich der Effektivzins der Finanzierung auf 4,64%. Das Modell ist daher auf den ersten Blick ein Verlustgeschäft. Warum rechnet es sich dennoch?

Zunächst ist die Differenz nach Steuern geringer, da nur 51% der Rente versteuert, die Finanzierungszinsen jedoch in voller Höhe angerechnet werden. Zudem erwirtschaft der Investmentfonds eine höhere Rendite (7,5%). Hier liegt der eigentliche Hebel des Modells: Die Wirtschaftlichkeit des ersten Angebots wird im Wesentlichen durch das Tilgungsinstrument dargestellt.

Beim Modell 2 liegt der Fall anders. Hier ist bereits das Grundgeschäft „kaufmännisch" vernünftig. Die britische Lebensversicherung rechnet in den ersten 15 Jahren mit einer durchschnittlichen Wertentwicklung des Pools von 7,5% p. a. (von 3,5% im ersten Jahr auf 9,4% in 15 Jahren).

Die Risikoanalyse

Beide Modelle haben Risiken und Chancen. Folgende Faktoren sind besonders wichtig:

- Fraglich bleibt, ob die Versicherungen – egal ob deutsch oder britisch – die gewünschte Rendite erwirtschaften. Bei der deutschen Lösung bleibt die zusätzliche Unsicherheit, wie sich die steigende Lebenserwartung der Deutschen auf die Rentenzahlung auswirkt. Laufen die Aktien auf Dauer schlecht, könnte das Modell 2 besonders leiden.

- Wer Fremdwährungsdarlehen aufnimmt, muss wissen, dass eine Änderung des Wechselkurses (hier Schweizer Franken zu Euro) sowohl die Höhe der Zinszahlungen und auch den Tilgungsbetrag am Ende der Laufzeit nach 15 Jahren verändert.

- Der Fiskus versucht zudem, solche Modelle immer wieder anzugreifen und die steuerliche Konstruktion infrage zu stellen. Aktuell ist die sofortige Abzugsfähigkeit des Disagios in der Diskussion.

- Manche Vermittler messen die Güte des Produkts an der steuerlichen Sicherheit. Doch was nützt ein steuerlich günstiges Produkt, das keine Rendite bringt?

- Da es sich um eine zusätzliche Verschuldung handelt, könnten hohe Darlehenssummen die eigene Hausbank verunsichern. Damit könnten Kreditverhandlungen für Unternehmer schwieriger werden.

- Jeder Anleger sollte wissen, dass die Provisionen in solchen Produkten äußerst attraktiv sind. So verdient der Vermittler des Modells 2 satte 22.000 €.

▶ **Fazit:** Ohne Frage sind fremdfinanzierte Rentenmodelle – gut und solide konstruiert – für Unternehmer ein lohnenswertes Investment. Sie sollten aber eine hohe Steuerlast haben und noch mindestens 12 bis 15 Jahre bis zum Ruhestand Zeit haben. Außerdem gehört eine Portion Risikofreude dazu, ebenso ausreichend finanzielle Polster.

FB vom 26.01.2004

Immobilien

Neue Anlagemöglichkeiten

Grund und Boden gehören traditionell zu den bevorzugten Anlageklassen der Deutschen. Immobilien gelten als sichere Investments, denen die Kursbewegungen an den Börsen wenig anhaben können. Dabei **verzichten Immobilienbesitzer auch** gerne **auf Rendite**, um zumindest für diesen Teil ihres Vermögens wenig Stress zu haben. Nicht selten sind mehr als 60% des Bruttovermögens in Stein investiert, während die anderen Anlageklassen untergewichtet sind.

Die erste Immobilie

Mit Blick auf das Leben eines „typischen deutschen Gutverdieners" ist der hohe Prozentsatz leicht nachzuvollziehen: Der Wunsch, ein Eigenheim zu haben, steht oben auf der Prioritätenliste. Wenn genug laufendes Einkommen vorhanden ist und dieses auf sicheren Quellen beruht, wird der Traum von den eigenen vier Wänden umgesetzt. Da nicht genug Eigenkapital vorhanden ist, um das Objekt bar zu bezahlen, müssen Kredite her. Diese kosten Geld und „fressen" einen großen Teil des Einkommens auf. Folge: Die wesentliche Sparleistung erfolgt durch Tilgung der Immobilienkredite. Selten ist ein Eigenheim nach 20 Jahren abbezahlt. Im Gegenteil: Viele **Häuslebauer** benötigen **30** und mehr Jahre, um **endgültig schuldenfrei** zu sein. Der erste Schritt zur Immobilienlastigkeit ist getan.

Wenn sich im Laufe des Lebens das Einkommen weiter erhöht oder die eigene Firma gute Gewinne abwirft, wird **die zweite Investition in Immobilien** vorbereitet. Die wesentlichen Entscheidungsgründe: **sichere Anlageform und Steuern sparen**. Der Erwerb einer Neubauimmobilie, die vermietet wird, bedeutet erhöhte Abschreibungen und die Möglichkeit, bei der Finanzierung ein Disagio zu vereinbaren. Darüber hinaus sind Beratungskosten absetzbar, so dass besonders im Erwerbsjahr eine deutliche steuerliche Entlastung eintreten kann.

Der **Staat** hat auf der Suche nach neuen Einnahmequellen die **Steuerreduktionsmöglichkeiten** in den letzten Jahren **deutlich reduziert**. In lukrativen Jahren waren es bis zu 7% der Gebäudekosten, die ein Steuerpflichtiger in den ersten Jahren absetzen konnte. Heute sind es nur noch 4%. Auch die Möglichkeit, 10% der Finanzierung als sofort abzugsfähiges Disagio zu verbuchen, ist auf die Hälfte gekürzt worden. So restriktiv war der Staat jedoch nicht immer. Daher finden sich in den Vemögensbilanzen vieler Unternehmer und Gutverdiener Immobilien aus den neuen Bundesländern. Mit der Perspektive auf „blühende Landschaften" wurden die Objekte häufig ohne fundiertes Nachdenken erworben. Der Blick auf die Steuerreduktion von teilweise 50% im ers-

ten Jahr auf die Gebäudekosten schaltete bei etlichen Gutverdienern den gesunden Menschenverstand aus. Heute sind die Objekte gerade mal 50% ihrer ursprünglichen Herstellungskosten wert. Verkaufen lässt sich das Eigentum nur selten. Die Besitzer sind heute froh, wenn sie ausreichend solvente Mieter finden. Die Mieterwartungen von 7, 8 oder gar 10 € je m², die die positive Investitionsentscheidung bewirkt haben, sind in weite Ferne gerückt.

Wohnungen unverkäuflich

Immerhin: Wer ein Mehrfamilienhaus erworben hat, kann zumindest auf lange Sicht hoffen, für die Immobilien einen Käufer zu finden. Schlechter sind Besitzer von Eigentumswohnungen in den neuen Bundesländern dran. Für Teileigentum kommen im Grunde nur Selbstnutzer als Erwerber in Frage. Doch die haben derzeit die große Auswahl, günstig in Mietwohnungen zu ziehen. **Eigentumswohnungen werden wohl auch langfristig nur mit viel Glück veräußerbar sein**, denn Kapitalanleger sind durch das Desaster der letzten Jahre klüger geworden.

Egal ob West- oder Ostimmobilie: Wer aus Steuergründen eine Immobilie erworben hat, wird diese ebenso fremd finanzieren. Damit sind **Liquiditätsunterdeckungen programmiert** und auch gewollt. Schließlich reduziert diese Unterdeckung auch die Steuerlast. Auch hier dauert der Schuldenabtrag 20 Jahre und mehr. Der zweite Schritt zur Immobilienlastigkeit ist getan.

Fall aus der Praxis

Ohne Frage: Die Immobilie zählt zu den soliden Anlageobjekten und gehört als Baustein in eine solide Vermögensplanung. Doch welches sind die richtigen Schritte, um die Immobilienlastigkeit zu verhindern? Bettina und Jürgen Katlein zählen zu den so genannten „DINKs": „Double Income – No Kids". Beide sind berufstätig. Sie ist selbstständige Maklerin, er technischer Geschäftsführer in der Metallbranche. Der Wunsch, aus der Stadt zu ziehen steht schon lange an. Bereits vor fünf Jahren wollten beide ihren Traum vom Eigenheim umsetzen, doch der Vater von Frau Katlein warnte: „Ohne ausreichend Eigenkapital von mindestens 30% solltet ihr es nicht machen." Da das Wunschhaus mit Grundstück gut 400.000 € kostete und soviel Eigengeld damals nicht auf dem Konto lag, hörten die beiden auf den guten Rat ihres Vaters.

Mittlerweile sieht die Situation anders aus: Dank einer kleinen Erbschaft von einer Tante und intensivem Vermögensaufbau haben die beiden vor einem Jahr ein Grundstück erworben. Der Bau läuft auf Hochtouren. Der Einzug ins neue Objekt ist für August geplant.

Katleins machen aus Finanzplanersicht alles richtig: Vor fünf Jahren haben die beiden noch deutlich weniger verdient. Eine Finanzierung mit wenig Eigenkapital hätte mächtig auf das Budget gedrückt und einen regelmäßigen Vermögensaufbau in andere Vermögensanlagen stark eingeschränkt. Sie haben den Fehler nicht gemacht, **zu früh ein Eigenheim** zu erwerben. Jetzt können sie gut 40% des Objekts mit Eigenkapital bezahlen. Die restlichen 60% sind über eine Hypothekenbank zu erstrangigen Konditionen finanziert. Zudem haben die beiden Sondertilgungsrechte vereinbart. Auf diese Weise können sie Liquiditätsüberschüsse zur schnellen Schuldentilgung nutzen.

Eigenheim = Vermögenswert?

Den Eheleuten ist bewusst, dass das Eigenheim nur begrenzt als Kapitalanlage zu werten ist. Dafür spielen zu viele emotionale und geschmackliche Gründe mit. Wie beim neuen Auto, das in den ersten Wochen bereits kräftig an Wert verliert, verhält es sich auch beim Eigenheim. Es finden sich selten Käufer, die später einmal das investierte Kapital in voller Höhe als Kaufpreis akzeptieren. Viele Deutsche bewerten daher ihr Eigenheim zu optimistisch. Ein **Sicherheitsabschlag** von 10 oder 20% ist daher angebracht.

Für weitere große Immobilieninvestitionen ist in der Vermögensplanung von Katleins erst mal kein Platz. Trotzdem können die Eheleute, je nach Risikoeinstellung und Anlegermentalität, ihren Vermögensaufbau teilweise mit Immobilienwerten vornehmen. Dazu bieten sich verschiedene Varianten an. Alle haben den „Charme", dass relativ wenig Kapital benötigt und keine zusätzliche Verschuldung von Katleins verlangt wird.

Als erstes bieten sich **offene Immobilienfonds** als Anlageobjekt an. Zunächst als „langweilige" Investition verachtet, erhielten diese Fonds einen extremen Mittelzufluss, als es an den Aktienbörsen abwärts ging. Dennoch galten diese Investments als sichere Anlageform, die über jeden Zweifel erhaben seien. Diese Einschätzung hat sich aber verändert. Nachdem einer der ältesten und größten Fonds, der Deka Immobilienfonds, in Rendite- und Liquiditätsprobleme gekommen ist, ist ein **genaues Hinsehen gefragt**. Die **Anlagestrategien** der Fondsmanager sind – anders als früher – differenzierter und damit auch **risikoreicher geworden**. So gibt es sehr sicherheitsorientierte Fonds, deren Renditeerwartungen auf Tagesgeldniveau liegen. Hier lohnt sich eine Investition nicht mehr. Andere Fonds gehen in Auslandsmärkte und beinhalten teilweise Währungsrisiken. Aggressive Immobilienfonds, wie z. B. die Fonds der KanAm Gruppe können sogar Fremdfinanzierungen aufnehmen und somit die Rendite, aber auch das Risiko erhöhen. Damit reicht die Renditeerwartung für dieses Jahr je nach Fonds von mageren 1,5% bis über 6%. Die offenen Fonds sind also interessante Anlagen. Das Ehepaar sollte aber nicht „blind" und ungesehen kaufen. Aktuelle Studien setzen nur die Hälfte der Fonds auf die Empfehlungsliste.

Geschlossene Variante

Neben offenen Immobilienfonds kommen auch geschlossene Fonds für Katleins in Frage. Auch für diese indirekte Investition in Grund und Boden benötigen die Eheleute nur relativ kleine Anlagesummen. Während bei der offenen Fondsvariante 1.000 € als Mindestgröße ausreichen, sind es bei den geschlossenen Fonds allerdings meist 20.000 € oder mehr. Katleins haben am Markt eine große Bandbreite an Investitionsmöglichkeiten: Sie können sich an Objekten in Deutschland, in Europa, in den USA, in Kanada oder z. B. auch in Prag oder Moskau beteiligen. Der größte **Nachteil** dieser Anlageform: **Das Geld ist auf viele Jahre gebunden.** Doch wer gut auswählt und für die Bequemlichkeit der Anlage die damit verbundenen Kosten in Kauf nimmt, könnte mit ausgewählten Angeboten ein solides Immobilienportfolio aufbauen. Leider zeigen die Erfahrungen, dass max. 20% der Angebote, die deutschen Anlegern von Banken und Vermögensberatern angeboten werden, einer kritischen Prüfung standhalten. Bei dem Rest heißt es eher: „Finger weg".

Neu: Zertifikate

Wem Beteiligungsprodukte suspekt sind, könnte auf eine relativ junge Anlagemöglichkeit zurückgreifen, um in Immobilien zu investieren: Die **Immobilienzertifikate**. ABN Amro, Merrill Lynch und UBS haben neue Angebote auf den Markt gebracht. Die Zertifikate bilden Indizes ab, die den Kursverlauf von Immobilienaktien repräsentieren. Es handelt sich bei solchen Aktien um Anteilsscheine an Unternehmen, deren Kerngeschäft der Besitz und die Verwaltung von Immobilien ist. Je nach Ausrichtung können das Wohnimmobilien, gewerbliche Immobilien oder Spezialobjekte sein – oder eine Mischung von allem. Der Anleger kann solche Aktien seit langem über die Börse beziehen. **Kursschwankungen** sind für diese Werte **normal**. Um das Risiko etwas zu streuen, sind Zertifikate geeignete Alternativen zum Direktinvestment. Das Europa Top 15 Zertifikat von UBS (ISIN DE 000 637 985 2) bildet z. B. die Performance der 15 höchst kapitalisierten Immobilienunternehmen der European Publik Real Estate Assocation ab. **Steuerlich** werden die Zertifikate **wie Wertpapiere** behandelt. Nach einem Jahr Haltedauer sind die Kurssteigerungen steuerfreie Einnahmen.

▸ **Fazit:** Wer in seinem Leben zu früh in das Eigenheim, vermietete Eigentumswohnung oder Mehrfamilienhaus investiert, stellt nicht selten die Weichen für eine „schiefe" Vermögensplanung. Deshalb müssen Immobilienwerte nicht völlig aus dem Portfolio verschwinden. Alternativen gibt es – jedoch keine risikolosen Anlagen. Das sind Immobilien in keinem Fall.

FB vom 02.05.2005

Finanzierung

Jetzt handeln – nur wie?

Die **Zinsen für Immobilienfinanzierungen** sind an einem Tiefpunkt angelangt. Deutlich zu erkennen ist dies bei den Konditionen mit zehnjähriger Zinsfestschreibung. Wer gut verhandelt und ausreichend Eigenkapital mitbringt, erhält einen Effektivzins unter 4%. Im Fünfjahresbereich betragen die Zinskosten lediglich 3,5%. Glücklich der jetzt neue Darlehen braucht!

Fall aus der Praxis

Gudrun Streslow, 52 Jahre und Gesellschaftergeschäftsführerin einer norddeutschen mittelständischen GmbH hat ihre künftige Altersversorgung überwiegend mit Immobilien aufgebaut. Sie besitzt vier Mehrfamilienhäuser in guter Lage. Sie schätzt den Wert auf gut 1,5 Mio. €. Die Nettomieten belaufen sich bei 94.000 € pro Jahr. Tendenz leicht steigend.

Die Unternehmerin hat bewusst auf „Steuersparmodelle" im Osten verzichtet und stattdessen auf gute Bestandsimmobilien in ihrer Region gesetzt. Die Rechnung geht nun auf. Die Objekte an sehr guten Standor-ten sind voll vermietet. Die Mieterstruktur ist ausgezeichnet, keine Mietausfälle. Zieht ein Mieter aus, lässt sich die Wohnung schnell neu vermieten. Die Lebensplanung der ledigen Geschäftsführerin sieht vor, **in 10 Jahren in den Ruhestand** zu treten. Entsprechend hat sie die Finanzierungen ihrer Immobilien ausgelegt. Mit Blick auf die hohe Steuerprogression hatte sie beim Erwerb der Objekte in den Jahren 1985 bis 2001 langfristige Kreditverträge mit ihrer Bank abgeschlossen. Auf Anraten des Steuerberaters hat sie auf direkte Tilgungen verzichtet. Stattdessen hat sie mehrere Lebensversicherungen abgeschlossen, die größtenteils zum 62. Lebensjahr fällig werden.

11.900 € weniger Belastung

Ende März wird bei einer Immobilienfinanzierung ein Darlehen über 340.000 € fällig. **Bislang betrug der Nominalzins 7,9%** p. a. Vor 10 Jahren hatte die Unternehmerin die Zinsentwicklung anders eingeschätzt und auf lange Laufzeiten gesetzt. Jetzt ist die Unternehmerin in einer komfortableren Situation. Das neue Angebot der Bank beträgt 4,4% nominal. Die Liquiditätsentlastung für Frau Streslow: 11.900 € weniger Kostenbelastung und damit mehr Geld auf dem Immobilienkonto.

Da das Mehrfamilienhaus mit 20% Eigenkapital erworben wurde, überlegt die Unternehmerin, ob sie nicht nach einer alternativen Finanzierung suchen sollte. Vielleicht gibt es günstigere Banken? Hier hilft ein Blick ins Internet. Unter www.baugeld-vergleich.de und findet eine Fülle von Anbietern, die das Hausbankangebot unterbieten.

Lockvogel-Angebote

Der „beste" Anbieter verlangt 4,02% effektiv, wobei nicht ersichtlich ist, welche Bank tatsächlich dieses Schnäppchen anpreist. Ein professioneller Finanzmakler ist zwischengeschaltet, der den Kreditsuchenden an die Bank vermittelt. Das Internetportal gibt dem Nutzer nützliche Zusatzinfos: Nach den Erfahrungen anderer Finanzierungswilliger konnte der Anbieter die angekündigten Konditionen aber nur eingeschränkt einhalten. Nicht selten haben Immobilienbesitzer erleben müssen, dass die Konditionen dann doch 0,2 bis 0,3 Prozentpunkte höher waren, als im Internet „versprochen".

Ein anderer Anbieter verzichtet auf solche „Lockvogel"-Offerten und unterbietet häufig seine günstigen Konditionen, wenn Kunden anrufen. Der Portalbetreiber zeigt dies durch einen grünen „Smiley". Im Fall von Frau Streslow lauten dessen Konditionen 4,14% Effektivzins – immer noch ein Vorteil gegenüber ihrer Hausbank.

Die Unternehmerin will den Versuch starten und sucht den Kontakt zum Anbieter. Sie erfährt, dass die Konditionen in ihrem Fall gelten werden, wenn sie sich schnell entscheidet. Sie schickt die Immobilienunterlagen an den Finanzierungsvermittler und erhält ein schriftliches Angebot, das jedoch unter dem Vorbehalt einer kurzfristigen Zinsänderung steht. Zusätzlich muss sie aber einmalig **500 € für Schätzkosten** bezahlen. Was Frau Streslow nicht wusste: Bestimmte Kosten sind in den Effektivzinsangaben nicht enthalten. Dazu zählen z. B. Bereitstellungszinsen, Kontoführungsgebühren und die Schätzkosten für die Bewertung des Verkehrswertes. Auf diese Weise können die Banken ihre Angebote legal retuschieren.

Rückgriff auf Bewährtes

Die Unternehmerin kommt ins Grübeln. Wenn sie den Aufwand für den Bankwechsel berücksichtigt, den sie für die Zusammenstellung von Objektunterlagen und ihre Vermögenssituation aufbringen muss, wird der Unterschied noch geringer. So schlecht war das Angebot ihres Kreditinstituts dann doch nicht. Daher greift sie zu einem Trick: **Sie legt ihrer Bank das Alternativangebot vor. Prompt kommt Bewegung in die Diskussion.** „Ganz mithalten können wir nicht". so ihr Finanzierungsberater . „aber ich könnte Ihnen noch um 0,15 Prozentpunkte entgegen kommen". Damit geht die Strategie auf, die die Unternehmerin bezwecken wollte:

Die Internetangebote helfen, die eigene Bank zum Nachbessern ihrer Zinsofferten zu bewegen. Deutlich wird: Die Entscheidung für oder gegen ein Finanzierungsinstitut hält meist viele Jahrzehnte, bis das Darlehen endgültig abgezahlt ist. **Viele Kunden scheuen berechtigterweise den Aufwand für eine Umschuldung.** Die Erfahrungen der letzten Jahre zeigen: Nur wenn der

Zinsunterschied deutlich über einen halben Prozentpunkt liegt und das Finanzierungsvolumen längst die hunderttausend Euro-Marke überschritten hat, lohnt sich der Aufwand.

Längere Laufzeit

Der Bankberater präsentiert Frau Streslow noch eine weitere Alternative. Er empfiehlt, anstelle der 10-Jahres-Kondition das **Darlehen für 15 Jahre festzuschreiben**. Sein Argument: „Jetzt sind die Zinsen so niedrig. So günstig bekommen Sie Ihre Immobilie nie wieder finanziert." Tatsächlich beträgt der Unterschied für die längere Zinsbindung nur 0,35 Prozentpunkte. Statt 4,25 sollen nun 4,6%p. a. gezahlt werden.

Die Unternehmerin reagiert schnell: Die längere Laufzeit passt nicht in ihre Lebensplanung. Schließlich will sie in 10 Jahren das Darlehen komplett ablösen. Nun bringt der Berater aber ein Argument in neues Spiel: Die hinterlegte Lebensversicherung wird in 10 Jahren nicht die erwartete Ablaufleistung in Höhe von 340.000 € bringen. Lediglich 315.000 € kann sie erwarten. Würde sie diesen Betrag dann aber fünf Jahre länger anlegen, müsste es für die endgültige Tilgung reichen. Das Argument der Bank ist grundsätzlich richtig: Es gibt eine **Deckungslücke in 10 Jahren**. Passend ist jedoch nicht die Lösung des Beraters. Frau Streslow muss in 10 Jahren für die Neuanlage des fälligen Geldes mindestens 4,6% pro Jahr erzielen, damit sie die Finanzierungskosten ausgleichen kann. Dann sind aber noch nicht die höheren Zinsen, die sie für die längere Zinsbindungsdauer in den ersten 10 Jahren bezahlen muss, ausgeglichen. Diese Zusatzkosten betragen 11.900 €, die durch zusätzliche Erträge erwirtschaftet werden müssten. Außerdem: Frau Streslow will in 10 Jahren von den Mieten leben. Eine längere Laufzeit passt nicht ins Konzept.

Vier Optionen

Deutlich wird aber, dass die Deckungslücke geschlossen werden muss, damit die Ruhestandsplanung der Unternehmerin umgesetzt werden kann. Dafür hat sie vier Alternativen:

1. Sie reserviert bereits heute von ihrem Ersparten einen Betrag, der in 10 Jahren zur Zusatztilgung zur Verfügung steht.

2. Sie spart ab sofort einen monatlichen Betrag, um dieses Ziel zu erreichen.

3. Sie verzichtet beim neuen Darlehen auf die Tilgungsfreistellung und zahlt zusätzlich zu den Zinsen auch einen Tilgungsbetrag.

4. Sie tilgt bereits jetzt ihr Darlehen um die o. g. 25.000 € und hat somit das Thema Deckungslücke erledigt.

Die **Deckungslücke beträgt 25.000 €**. Dieser Betrag ist für die Unternehmerin leicht aufzubringen. Das Geld könnte sie defensiv in Investmentfonds anlegen. Bei einer erwarteten Anlagerendite von 4% reichen 16.890 €, um das Anlageziel zu erreichen. Bei der Variante 2 muss die Immobilienbesitzerin knapp 170 € pro Monat aufbringen, um bei gleicher Renditeerwartung die 25.000 € zu erhalten. Die dritte Möglichkeit ist mit der Bank zu klären. Gudrun Streslow stellt ihr Darlehen von „tilgungsfrei" auf „Annuitätendarlehen" um. Die Mindesttilgung beträgt 1%. Um diesen Prozentsatz erhöht sich auch die jährliche Liquiditätsbelastung. 3.400 € mehr werden pro Jahr vom Konto abgebucht. Ergebnis: Am Ende sind statt 340.000 € nur 297.710 € abzulösen. Die Deckungslücke ist mehr als geschlossen. Die Alternative 4 führt zu einer Liquiditätsentlastung in den nächsten 10 Jahren. 1.062,50 € weniger werden jedes Jahr an die Bank überwiesen.

Alle Berechnungen haben noch einen **steuerlichen Detailblick nötig**. Die Darlehenszinsen kann Frau Streslow von der Steuer absetzen. Bei den letzten beiden Varianten reduzieren sich die absetzbaren Zinsen. Im Fall 3 steigt der Tilgungsanteil im Darlehen kontinuierlich, im Gegenzug reduzieren sich die Zinsanteile. Dies macht sich in der Berechnung der steuerlichen Werbungskosten bemerkbar. Während im ersten Jahr noch 14.393 € Zinsen absetzbar sind, sind es im 10. Jahr nur noch 12.770 € . bei gleicher Liquiditätsbelastung.

Die fünfte Alternative

Es gibt noch eine fünfte Möglichkeit, für die sich die Unternehmerin am meisten begeistern kann. Sie spart ab April 2005 nach der Neufinanzierung, dank der niedrigeren Zinsen, jeden Monat fast 1.000 €. Dieses Geld hat ihr bislang nicht gefehlt. Bevor die zusätzliche Liquidität im Rahmen des allgemeinen „Geldausgebens" irgendwie „verschwindet", legt sie diesen Betrag gemäß Variante 2 jeden Monat an. Nach 10 Jahren kann sie sich über einen stolzen Betrag von knapp 146.000 € freuen. Den kann sie wahrscheinlich auch gut gebrauchen. Denn die Diskussion mit ihrer Bank hat auch deutlich gemacht, dass bei j e d e r ihrer Immobilien eine Deckungslücke besteht. Erste Schätzung: weitere 67.000 € werden in 2015 benötigt.

Auch nach Berücksichtigung der Steuern ist die Entscheidung der Unternehmerin die Beste. Mit einer gu-ten Anlagestrategie mittels steueroptimierter Investmentfonds erreicht sie, dass der Gesamtertrag ihres neuen Kapitalstocks nur teilweise steuerpflichtig wird. Die Schuldzinsen für die Immobilienkredite kann sie noch 10 Jahre lang steuerlich geltend machen. Das Vermögen in der Lebensversicherung wächst ohne Steuerbelastung heran.

FB vom 28.02.2005

Finanzierung

Jetzt handeln? (2. Teil)

Die niedrigen Finanzierungszinsen erfreuen jeden, der jetzt ohne größere Umstände seine **Konditionen festmachen** kann. Dennoch gelingt es selten, dass das Ende der alten Zinsbindungsfrist genau einhergeht mit dem historischen Tiefstand der Zinsen. Es stellt sich die Frage, ob auch **bei laufenden Darlehen Handlungsoptionen** vorhanden sind. Und: Gibt es nicht noch **günstigere Varianten, um Immobilien zu finanzieren?**

Fall aus der Praxis

Fred Tromfeld ist niedergelassener Radiologe und konnte in den letzten Jahren sein Vermögen mit Immobilien mehren. Besonders stolz ist er auf seine „Prachtvilla", die er 1996 für 1,2 Mio. DM erworben hat. **Die Kredite für das Privathaus laufen über die Praxis**, da er auf Anraten seines Steuerberaters das „Mehrkontenmodell" eingesetzt hat. Der Trick: Durch (zu) hohe Entnahmen aus der Praxis wurde das Objekt aus Barmitteln bezahlt. Die Betriebsausgaben für Praxismiete, Personal und andere Kosten summierten sich parallel dazu auf einem gesonderten Konto. Dieses Konto wurde anschließend als „Betriebsmitteldarlehen" umgeschuldet. Als Sicherheit wurden Grundschulden auf das Eigenheim eingetragen. Somit wurden die privaten Zinsen zu betrieblichen Aufwendungen. Tromfeld nutzte die Gunst der Stunde, denn heute ist das Modell auf Grund von Gesetzesänderungen nicht mehr ohne Weiteres umsetzbar.

Darüber hinaus hat er mehrere **Mehrfamilienhäuser gekauft.** Eines der Objekte hat er neu erbauen lassen und im Jahre 1993 finanziert. Mit Blick auf seine Finanzplanung entschied er sich vor gut 12 Jahren für eine lange Zinsbindungsdauer von **15 Jahren.** Für **7,7% Nominalzins** erhielt er damals die Darlehen über umgerechnet 335.000 €. Heute ärgert er sich über seine Entscheidung, denn mit Blick auf die Zinsentwicklung wäre eine kürzere Laufzeit besser gewesen. Nun muss er – so glaubt er zumindest – **noch über zwei Jahre lang warten, bis er neue Zinskonditionen vereinbaren kann.**

Die Mehrzahl der Kreditnehmer weiß: Sind die Zinsen erst einmal festgeschrieben, kommt man nur schwer wieder aus dem Darlehensvertrag heraus. Zwar haben die Gerichte die Banken in den letzten Jahren stärker in die Pflicht genommen und z. B. beim Verkauf des Objekts zur Annahme der Darlehenskündigung verurteilt. Wer aber nicht in einer solchen Situation ist, ist auf die Gunst der Kreditinstitute angewiesen.

Auf jeden Fall dürfen die Banken **Entschädigungszahlungen** verlangen. Diese richten sich im Wesentlichen nach der Höhe des Zinsschadens, den die Bank erleidet. Anders formuliert: Sollte die Bank einer vorzeitigen Kündigung zustimmen, hat der Kunde wenig davon, wenn er jetzt günstige Konditionen nutzen will. Er zahlt durch die **Vorfälligkeitsentschädigung** die Zinsdifferenz, die er eigentlich sparen will, bereits sofort und in einer Summe. Dies ist also **keine empfehlenswerte Umfinanzierungsstrategie.**

Bank ist (zu) verschwiegen

Zurück zu Herrn Tromfeld. Was ihm die Hypothekenbank nicht erzählt hat: Jeder Darlehensnehmer hat ein **Sonderkündigungsrecht nach 10 Jahren Laufzeit.** Gemäß § 609a BGB ist nämlich bei Hypothekenkrediten die Kündigung möglich – ohne Angabe von Gründen. Noch besser: Die Bank darf keine Entschädigung für die frühe Kündigung verlangen.

Für den Radiologen bedeutet dies, dass er die aktuellen Konditionen nutzen könnte. Der 52 Jährige fragt die Bank nach einer achtjährigen Zinsbindungsdauer: 4,1% p.a. effektiv. Problem: Trotz der Begünstigung durch das Gesetz muss er eine **Kündigungsfrist von sechs Monaten** einhalten. Daher dauert es, bis er neu finanzieren kann. Hätte er bereits vor einem halben Jahr „prophylaktisch" gekündigt, wäre der Heilberufler schon jetzt in den Genuss der günstigen Zinsen gekommen.

Fristverlängerung

Wer sich vor mehr als 10 Jahren „verschätzt" hat und lange Laufzeiten vereinbart hat, kann also direkt auf seine Bank zugehen. Das Gesetz sieht aber eine weitere „Klippe" vor: **Die Zehnjahresfrist beginnt, wenn das Darlehen v o l l s t ä n d i g ausgezahlt wurde.** Bei Neubauten werden häufig Teilauszahlungen vereinbart. Nicht selten erfolgt die letzte Rate deutlich später, als der Kreditvertrag geschlossen wurde. Daher: Nicht das Datum der Unterschrift, sondern der Termin der so genannten „Vollvalutierung" des Darlehens ist maßgeblich. Im Fall von Herrn Tromfeld wäre der erste mögliche Kündigungstermin der 01.03.2004 gewesen.

Ein **weiteres Darlehen** steht bei Tromfeld **zur Disposition.** Das vor gut 9 Jahren erworbene Eigenheim ist mit einer Hypothek von knapp 500.000 € belastet. Hier endet die Zinsbindung im Mai 2006. Darlehenszinssatz bislang 7,9%. Auch hier denkt Tromfeld über eine vorzeitige Umfinanzierung nach. Seine Bank kommt mit einem konkreten Angebot auf ihn zu. Unter dem Stichwort **„Forward-Darlehen"** offeriert sie ihm, bereits jetzt neue 10-Jahres-Konditionen zu vereinbaren: 5,2%

Nominalzins bei 100% Auszahlung. Die Berechnung der Bank: Bis ins nächste Jahr zahlt er die damals vereinbarten Zinsen, danach geht es nahtlos in die neue Kondition über. Seine Sicherheit: Sollte der Zins in den nächsten Monaten deutlich ansteigen, hat er sich gute Konditionen gesichert und läuft dem Zinsanstieg nicht hinterher.

Zu teuer?

Tromfeld fragt seinen Steuerberater, der noch einmal nachrechnet. Wäre das Darlehen bereits jetzt frei, könnte er sich für 4,6% p. a. die Zinsen sichern. Der „Aufpreis" von 0,6% ist dem Experten zu teuer. Deshalb diskutieren die beiden folgende Alternative: Der Arzt reagiert, wenn die Forward-Konditionen deutlich steigen. So vereinbart Herr Tromfeld mit seinem Banker, in den nächsten Monaten engen Kontakt zu halten. Dieser sagt auf Grund der engen Geschäftsbeziehung zu, das Darlehen und den Zinsmarkt zu überwachen. Verständlich, denn Tromfeld hat immerhin mehr als 400.000 € in Fonds und Wertpapieren bei seiner Bank liegen. Das Ziel: **Steigen die Zinsen, greift der Arzt sofort zu und sichert sich das Zinsniveau.**

Wer sich nicht auf seinen Bankberater verlassen oder die Sache vom Tisch haben will, sollte sich nicht auf die Tromfeldsche Strategie einlassen. Zwar stimmen die Überlegungen des steuerlichen Beraters und des Radiologen. Doch **Warten lohnt sich nicht unbedingt**. Dies zeigt das Beispiel des Unternehmers Grabowski: Der Mittelständler besitzt eine Immobilie mit einem Verkehrswert von 1,3 Mio. €. Ein Darlehensvertrag über 1 Mio. € läuft bald aus und er könnte bereits jetzt Forward-Darlehen vereinbaren.

In diesem Fall ist gut zu sehen, dass es nicht so entscheidend ist, ab wann die neuen Konditionen gelten sollen. Wenn das neue Darlehen zum 01.10.2005 beginnen soll, lautet das Angebot seiner Bank 4,4% effektiver Jahreszins. Sollten die neuen Konditionen einen Monat später starten, sind es 4,47%. Einen weiteren Monat später sind es nur 0,02 Prozentpunkte mehr. Sollte Grabowski das Vorratsdarlehen sogar erst zum 01.04.2006 benötigen, so wird im Kreditvertrag 4,59% als effektiver Jahreszins stehen.

Besser jetzt handeln

Ergebnis: **Ein starker Zinsanstieg wirkt sich viel gravierender auf die Forward-Konditionen aus, als die Verkürzung der Laufzeit bis zum Darlehensbeginn.** Daher sind Grabowski (und auch Tromfeld) gut beraten, j e t z t zu p r o l o n g i e r e n und nicht zu spekulieren. Bei allen Überlegungen sollte aber bedacht

werden: Was wirklich die richtige Entscheidung ist, klärt sich erst im Rückblick.

Noch günstiger?

Unternehmer Grabowski wird seit einiger Zeit von seinem Finanzmakler auf **Fremdwährungsdarlehen** angesprochen. Deshalb will er mehr über diese Möglichkeiten erfahren. Der Reiz an der Sache: Die Zinsen sind noch niedriger als für Euro-Darlehen. Das Angebot: Yen-Darlehen sind bei Beträgen über 1 Mio. € für 1,1% Nominalzins zu erhalten. Das sieht auf den ersten Blick attraktiv aus. Andere Finanzierungswillige schielen auf den Schweizer Franken. Die Offerten der Eidgenossen belaufen sich bei ca. 1 bis 3% Nominalzins pro Jahr.

So reizvoll solche Angebote auf den ersten Blick sind, sollten die **Risiken** nicht übersehen werden. Diese Darlehen haben ein erhebliches **Wechselkursrisiko**, das den Zinsvorteil mehr als reduzieren kann. Es kann ohne Weiteres passieren, dass das Darlehen durch ungünstigen Währungsverlauf deutlich teurer als das Euro-Darlehen wird – trotz niedrigerem Nominalzins.

Darüber hinaus sind **lange Laufzeiten bei Fremdwährungskrediten selten zu bekommen**. Die Zinsen werden meist für drei oder zwölf Monate festgelegt. Die „Verlockung" günstiger Zinssätze kann auch durch die nicht unerheblichen **Nebenkosten** getrübt werden. Je nach Darlehenshöhe werden 1 bis 2% der Darlehenssumme für die Bearbeitung verlangt.

Mit dem spitzen Bleistift rechnen

Dennoch: Risikobereite Unternehmer können Fremdwährungsdarlehen in die engere Wahl einbeziehen. Jedoch sind Darlehen in der japanischen Währung wohl eher etwas für den besonders Risikofreudigen. Das Kursverhältnis von Euro und Yen war in den letzten Jahren stark schwankend (siehe Grafik). Einige Banken versuchen durch Währungssicherungsgeschäfte zumindest einen Teil der Risiken für den Kunden zu reduzieren. Aber auch das kostet Geld.

Beim Schweizer Franken halten sich die Kursbewegungen zum Euro in überschaubaren Grenzen. Beim aktuellen Zinsniveau erscheinen solche Finanzierungen prüfenswert, wenn die Banken bereit sind, Langfristkonditionen zu bieten. Denn auch die Schweizerischen Zinsen werden steigen. Die Frage dabeu ist nur: „wann genau?"

FB vom 14.03.2005

Geschlossene Fonds

Top oder Flop?

Glaubt man den Beratern von Banken und Finanzvertrieben, gehören geschlossene Fonds, nicht selten auch „Steuersparmodelle" genannt, in jedes Portfolio eines vermögenden Privatkunden. Die Anlagemöglichkeit reicht über Einkaufszentren und Gewerbeparks, über Filme und Schiffe bis zu Exoten wie Teakholzhandel und exklusive Weine.

Beim Verkauf der Produkte werden die Vorteile grandios herausgestellt. Der Blick zurück ist dann häufig ernüchternd. Das Geld ist nahezu verbraucht – von Rendite keine Spur. Sollen vermögende Private und Unternehmer geschlossene Fonds zeichnen oder lieber die Finger davon lassen?

Fall aus der Praxis

Sabrina Sedlmayer wohnt mit ihrem Mann Gottfried in der Nähe einer süddeutschen Großstadt. Die Eheleute sind beide über 60. Die vier Kinder sind aus dem Haus und stehen auf eigenen Füßen. Sedlmayers sind zudem fünfmal Großeltern geworden. Die Eltern der beiden Sedlmayers sind verstorben und haben jeweils erhebliche Vermögenswerte vererbt.

Dazu zählen 22 **Wohnhäuser** in mittlerer bis sehr guter Lage. Alle Objekte liegen in Süddeutschland im Umkreis von 100 km. Der geschätzte Wert beträgt ca. 17 Mio. €. Zusätzlich gehört Frau Sedlmayer ein **Gewerbekomplex** mit Büros, der an ein US-Unter-nehmen vermietet ist. Dieses Objekt hat einen Wert von ca. 6 Mio. €.

Das **Wertpapierdepot**, das jeweils zur Hälfte aus Aktien und Renten besteht, wird von beiden gemeinsam geführt. Aktueller Wert: gut 7,5 Mio. €.

Die **Steuerlast** „nervt" die Eheleute seit Jahren. Deshalb sind sie offen für die Gespräche ihres „Private Bankers", der sie seit einiger Zeit betreut. In den letzten zwei Jahren hat er sie mit „lukrativen" Medienfonds mit hoher Steuerwirkung überzeugen wollen.

Da den Eheleuten das Risiko zu hoch war, hat der Berater dann einen Trumpf aus der Tasche geholt und **einen Medienleasingfonds eines bekannten Initiators präsentiert.** Bei einer Beteiligungssumme von 250.000 € können im Zeichnungsjahr nahezu 100% als steuerlicher Verlust geltend gemacht werden. Das Risiko sei sehr gering, da alle Zahlungsströme feststehen und von einer Großbank garantiert sind. Rendite: 9% nach Steuern – so der Banker. Die Argumente überzeugten. Sedlmayers zeichneten im letzten Jahr jeweils 125.000 €.

9% Rendite auf was?

Ob es eine gute Anlage war, ist im Falle Sedlmayers fraglich. Zwar handelt es sich um eine seriöse Anlage eines erfahrenen Anbieters. Doch besonders **bei Renditeangaben lässt sich „tricksen".** Die genannten 9% bezogen sich auf das gebundene Kapital der Eheleute, nicht auf die Einzahlungssumme. Die Sedlmayers haben „konstruktionsbedingt" 160.000 € eingezahlt. Die steuerlichen Verluste betrugen 250.000 €. Grob gerechnet: Der Steuervorteil beträgt im ersten Jahr 130.000 €. Demnach beläuft sich das gebundene Kapital nur auf 30.000 €. Ergebnis: Sedlmayers (und manche Berater) glaubten, die Renditeangabe bezog sich auf die 250.000 € – falsch! Der richtige Wert sind die 30.000 €.

Was tun in 2003?

Die Eheleute überlegen, ob sie dieses Jahr wieder ein Beteiligungsprodukt zeichnen sollen. Die Auswahl ist groß. Zu den aktuellen Angeboten zählen deutsche und internationale Immobilien, Schiffe, Filme und andere Investitionsobjekte (siehe Übersicht).

Das Zeichnen von Steuersparmodellen ist für Sedlmayers grundsätzlich keine gute Idee. Denn bei den meisten Angeboten werden **Steuern** nicht gespart, sondern auf kommende Jahre **verschoben!** Eine endgültige Ersparnis liegt dann vor, wenn die Einkünfte, die aus dem Produkt gezahlt werden, später gar nicht oder zu einem geringen Steuersatz versteuert werden. Das ist bspw. bei **Medienfonds** nicht der Fall. Sämtliche Ausschüttungen unterliegen voll der Steuerpflicht. Doch es gibt einen Sondereffekt in 2003: Da der Spitzensteuersatz in Deutschland 2004 durch die (geplante) vorgezogene Steuerreform deutlich gesenkt werden soll, werden Steuerverschiebungen für Sedlmayers auch echte Steuerersparnisse. Dieser Effekt wird sich aber nur für Investitionen in 2003 auswirken.

Gegen eine schnelle Entscheidung spricht, dass völlig ungeklärt ist, wie das Gesamtvermögen der Eheleute strukturiert werden sollte. Die bisher gewählte Dreiteilung in Immobilien, Aktien und Renten muss nicht das Maß aller Dinge sein. Wie hoch sollte der **Anteil an Beteiligungsprodukten** sein? Manche Banken empfehlen 15 bis 30%, je nach Vermögenshöhe und Risikoeinstellung.

Zwei Fragen

Um eine gute Vermögensstruktur zu finden, sind zwei Fragen besonders wichtig:

1. Welche Ziele verfolgen die Eheleute mit ihrem Vermögen?

2. Welche Rendite wird durch das Vermögen erwirtschaftet, und lässt sich die Rendite bei gleichem

Risiko erhöhen oder das Risiko bei gleicher Rendite reduzieren?

Sedlmayers fühlen sich mit ihrem geerbten Vermögen sehr wohl und haben auch eine hohe emotionale Bindung. Dennoch: Wenn sich das Vermögen optimieren lässt, sind sie für Vorschläge offen.

Daher wird zunächst das **Immobilienvermögen** untersucht. Ergebnis: Es **fehlt** eine **Streuung**. Zudem sind einige Objekte renditeschwach. Das Gesamtvolumen an Immobilienvermögen sollte gehalten werden, jedoch müssten andere Standorte hinzugenommen werden. Mittelfristig sollen ca. 15% des Immobilienvermögens im US-Dollar-Raum investiert werden, weitere 15% in Europa außerhalb Deutschlands. Darüber hinaus sollten einige Objekte verkauft und durch neue Objekte ersetzt werden. Dadurch wird eine **„Verjüngung" des Immobilienbestands** erreicht. Besonders die Immobilien sollen später den Kindern und Enkeln zur Verfügung stehen.

Um das Immobilienvermögen zu „internationalisieren", können die Eheleute nun auf Beteiligungsprodukte zurückgreifen. Hierfür werden deutschen Anlegern eine Vielzahl von internationalen Immobilien angeboten. Schwerpunkt sind Standorte in den USA, in den Niederlanden und Österreich. Steuerliche Anfangsverluste gibt es bei diesen Offerten nicht (siehe Tabelle). Jedoch sind die Einkünfte dank des jeweiligen Doppelbesteuerungsabkommens nahezu steuerfrei. Neuerdings kann der US-Immobilenmarkt auch mit offenen Immobilienfonds ins Portfolio genommen werden. Vorteil: tägliche Handelbarkeit der Fondsanteile.

Schiffe als Vermögensklasse

Die Eheleute können ihr Vermögen noch weiter diversifizieren – wie der Fachmann das Verteilen von Vermögensrisiken nennt. Schiffsbeteiligungen konnten nachweisen, dass sie sich zu den anderen Assetklassen relativ neutral verhalten. Zudem gibt es mit dieser Beteiligungsart jahrzehntelange Erfahrungen. Heute kennen Experten die Top-Anbieter, die mit exzellenten Leistungsbilanzen aufwarten können. Um das Vermögen auf eine breite Basis zu stellen, könnten Sedlmayers ein kleines Schiffsportfolio über die nächsten Jahre aufbauen. Innerhalb der Vermögensklasse können dann verschiedene Schiffstypen erworben werden, um das Risiko zu streuen.

Problem vieler „Innovationen" am Beteiligungsmarkt: Selbst Fachleute erkennen erst nach vielen Jahren, wie sich eine neue Vermögensklasse im „Konzert" mit anderen Vermögenswerten verhält. Deshalb ist die Skepsis bei Windkraft, Private Equity, Teakholz-Handel oder anderen Produkten angebracht. Medienfonds sind für die Eheleute „out". Erstens haben sie schon in Filme investiert. Zweitens zeigt das neue Gesamtkonzept, dass sie mit weniger Risiken ähnlich hohe Renditen erwarten können.

Vererben

Ein weiterer Aspekt der Vermögensstrategie: Die Finanzplanung der Sedlmayers zeigt, dass die Eheleute ihren Lebensabend höchst komfortabel verbringen können. Deshalb gerät ein Ziel in den Vordergrund: „Wie können wir jetzt schon Vermögen an die Kinder **vererben?"** Immerhin lassen sich alle 10 Jahre Vermögenswerte im Rahmen der Freibeträge (je Kind 205.000 Euro) übertragen. Jetzt kommen wieder Beteiligungsprodukte ins Spiel – denn mittels einer gezielten Auswahl lässt sich ein deutlich höheres Vermögen steuerfrei übertragen (siehe auch FB vom 8.9.).

▸ **Fazit:** Beteiligungsprodukte sollten stets in die persönliche Vermögensstrategie passen. Auch wenn die Offerte auf den ersten Blick lukrativ erscheint, heißt dies noch nicht, dass das Produkt im „Konzert" der vorhanden Vermögenswerte harmoniert: erst die Gesamtstrategie – dann das Produkt.

Beteiligungsart	typische Laufzeiten	typische prognostizierte Ausschüttungen	steuerliche Einkaufsart	steuerliche Verluste in den ersten Beteiligungsjahren	Währungs-abhängigkeit	Prognose-sicherheit
Deutsche Immobilien	> 20 Jahre	5-10% p. a.	Vermietung u. Verpachtung	z. T. (bis zu 50% der Beteiligungshöhe)	i.d.R, nein	relativ hoch
Intern. Immobilien	7-20 Jahre	7-12% p.a.	ausländ. Einkünfte mit dtsch. Progressions-vorbehalt	keine	je nach Investitions-standort	relativ hoch
Medienfonds	5-10 Jahre	> 10%	Gewerbebetrieb	ca. 100% der Beteiligungshöhe	häufig US-$	gering
Windkraft	8-20 Jahre	5-10%	Gewerbebetrieb	ja, teilw. über 50% der Beteil.-höhe	i.d.R. nein	mittel bis hoch
Schiffe	10-15 Jahre	5-10%	Gewerbebetrieb	bis zu 50% der Bet.-höhe	häufig US-$	mittel
Private Equity	ca. 10 Jahre	keine Prognosen	Gewerbebetrieb oder Einkünfte aus Kapitalvermögen	keine	häufig US-$	sehr gering

FB vom 20.10.2003

Beteiligungsprodukte

Veräußerung von Betriebsvermögen

Die Arten von Beteiligungsprodukten, die deutschen Unternehmern angeboten werden, sind vielseitig. Investitionen in Windkraftanlagen, Flugzeuge, Container, Schiffe und Immobilien werden in diesen Tagen Spitzenverdienern offeriert. Während in früheren Jahren „Steuern sparen um jeden Preis" das Motiv vieler Investitionsentscheidungen war, hat der Gesetzgeber in den letzten Jahren die Hürden dafür immer höher gesetzt. Branchenkenner prognostizieren seit langem den „Tod" der Steuersparmodelle. Dennoch: Für einen Kreis von Unternehmern, die gerade ihren Betrieb veräußert haben, gibt es eine interessante Variante der „Steuersparmodelle": die so genannten "§ 6b-Fonds".

Ein Fall aus der Praxis

Dr. Peter Neuhaus, ledig, betreibt eine radiologische Praxis in einer süddeutschen Großstadt. Er hat seinen Ruhestand gut vorbereitet und verkauft nun seine Praxis an seinen Nachfolger. Der Freiberufler muss jedoch zur Kenntnis nehmen, dass ein erheblicher Veräußerungsgewinn anfällt. Grund: Über die Jahrzehnte hat er beträchtliche stille Reserven gebildet. Dazu trägt u. a. seine Praxisimmobilie bei, die er vor 30 Jahren in bester Citylage erworben hat.

Im Gespräch mit dem Steuerberater wird Herrn Neuhaus sehr deutlich, dass auf ihn eine hohe Steuerzahlung wartet. Der Experte rechnet vor, dass der Steueraufwand bei gut 102.000 € liegen wird. Die Alternative: Dr. Neuhaus bildet eine Rücklage auf Basis des § 6b EStG (i. V. mit § 6c EStG). Damit wird erreicht, dass der Arzt die Steuern nicht sofort zahlen muss, sondern erst in den nächsten vier Jahren die Rücklage auflösen kann. Hintergrund der Regelung: Häufig sehen Gesellschaftsverträge vor, dass der Kaufpreis in Raten zu zahlen ist. Mit einer sofortigen Steuerzahlung würde die Liquidität des ausscheidenden Gesellschafters erheblich belastet, ohne dass der Kaufpreis bereits auf dem Konto eingegangen ist. Durch das Gesetz sollen solche Härten vermieden werden.

Ausweg für Steuerzahler

Das Gesetz lässt aber noch eine weitere Variante zu, die für die Vermögensplanung des Unternehmers hochinteressant ist: Abhängig davon, wodurch die stillen Reserven entstanden sind, können die gebildeten **Rücklagen** unter bestimmten Voraussetzungen **auf andere Unternehmen übertragen** werden.

Diese Gesetzesregelung nutzen einige Anbieter von Steuersparmodellen, um als „Auffangbecken" für diese Rücklagen zu dienen. Das Prinzip: Der Unternehmer erwirbt eine **Beteiligung an einem geschlossenen Fonds** (i. d. R. ein Immobilienfonds). Nachdem der Kauf vollzogen ist, überträgt der Anleger „seine" Rücklage auf den Fonds. Damit hat er erreicht, dass er die Rücklage nicht auflösen muss.

Würde Peter Neuhaus kein „Auffangbecken" finden, müsste er spätestens nach vier Jahren die Rücklage auflösen. Zudem würde das Finanzamt noch einen Gewinnzuschlag von 6% für jedes volle Wirtschaftsjahr berechnen. Für den erhöhten Gesamtgewinn muss Neuhaus dann Steuern zahlen.

Liquiditätsvorteil

Zeichnet Peter Neuhaus allerdings einen geeigneten Immobilienfonds, sieht die Rechnung so aus:

Er erwirbt eine Beteiligung an einem der sog. „§ 6b-Fonds" in Höhe von 50.000 €. Diesen Betrag muss er an die Fondsgesellschaft überweisen. Aufgrund der Konstruktion des Fonds reicht die Höhe der Beteiligung aus, um 200.000 € Rücklagen zu übertragen. Anschließend überträgt Neuhaus mit Hilfe seines Steuerberaters die gebildete Rücklage auf den Fonds. **Statt der Steuerzahlung in Höhe von 102.000 € reduziert sich die Liquiditätsbelastung auf 50.000 €** für die Beteiligung an der Fondsgesellschaft (ohne Agio). In diesem Jahr stehen ihm also 52.000 € mehr zur freien Verfügung. Die Motivation, ein solches „Steuersparmodell" zu zeichnen, liegt demnach auf der Hand. Doch sind die Details wichtig:

Steuer sparen ohne Verstand?

So gut die Argumente für den Anleger klingen mögen: Das Motiv, dem Fiskus ein Schnäppchen zu schlagen, darf nicht im Vordergrund stehen. Die **Reinvestition ist unsinnig, wenn die Fondsangebote nichts taugen.**

Aufgrund des begrenzten Einsatzgebietes dieser Produkte sind meist nur wenige Produkte erhältlich. Jedes einzelne hat seine speziellen Eigenarten. Ein wichtiges Kriterium ist die „Übertragungsquote". Diese bedeutet, welche Beteiligungssumme benötigt wird, um die Rücklage auflösen zu können. Eine Quote von 400% besagt, dass der Anleger nur 50.000 € einzahlen muss, um seine stille Rücklage in Höhe von 200.000 € zu übertragen. Ein Landwirt, der bspw. 3.200.000 € stille Reserven durch den Verkauf von Grund und Boden „hebt", muss dann immerhin 800.000 € übertragen.

Derzeit können Anleger Fonds mit Übertragungsquoten in Höhe von 200 und 400% zeichnen. Doch auch hier muss genau hingesehen werden. Wichtig ist auch die Aufteilung zwischen Grund und Boden und Gebäudeteil, da das Gesetz im Detail geregelt hat, wann die Übertragung begünstigt ist.

Wer Steuern sparen will, muss sich klar sein, dass er als Unternehmer investiert. Je nach Investitionsobjekt müssen die **Risiken getragen** werden. Anleger des Sachsen-Fonds (siehe Tabelle) erwerben bspw. eine Hotelimmobilie in Berlin. Die Risikohinweise im Beteiligungsprospekt lesen sich daher **wie der Beipackzettel eines Antibiotikums.** Hier ein Auszug:

- Risiken wegen versteckter Baumängel
- Risiken wegen Bodenverunreinigung
- Insolvenzrisiko des Leasingnehmers (Hotelbetreiber)
- Kostenrisiko der Investitionsrechnung
- Zusätzlicher Instandhaltungsaufwand
- Geringere Zinserträge
- Höherer Zinsaufwand bei der Zwischenfinanzierung
- Risiken beim Verkauf des Objekts
- Mangelnde Veräußerbarkeit des Fondsanteils
- Risiko durch Steueränderungen
- Wiederaufleben der Haftung

Alle diese Risiken können dazu führen, dass der gewünschte Anlageerfolg nicht eintritt.

Auf Dauer gebunden

Die Fondsangebote haben gemeinsam, dass der Anleger langfristig investiert. Die **Laufzeit beträgt i. d. R. mehr als 20 Jahre.** Zwischenzeitlich gibt es aber **regelmäßige Ausschüttungen.** Der SAB-Fonds verspricht eine regelmäßige Zahlung in Höhe von 3% der Anlagesumme. SachsenFonds prognostiziert anfänglich 1,48%, steigend auf 5,28% im Jahre 2026. Wert-Konzept schüttet in den Jahren 2017 bis 2025 zwischen 7,97% und 9,84% an die Anleger aus. SAB investiert in verschiedene Standorte: Suhl, Dresden und Leipzig. Der Anleger kann seinen Favoriten auswählen. Wert-Konzept hat einen Büropark in Thüringen erworben. SachsenFonds bietet das Berliner Hotel Maritim proArte an.

Einige Angebote investieren in den neuen Bundesländern. Wenn Anleger in den letzten Jahren bereits „Ostimmobilien" erworben haben, sollten sie prüfen, ob sie **nicht den Grundsatz der Risikostreuung vernachlässigen.** Gleiches gilt für Zeichner, die bereits eine Hotelimmobilie mittels eines geschlossenen Fonds gekauft haben. Diese müssen sich klar werden, dass auch hier eine

Risikoerhöhung des Gesamtvermögens entstehen kann. Wer grundsätzlich mit solchen Immobilienangeboten auf „Kriegsfuß" steht, sollte lieber Steuern zahlen.

Angebote im Überblick			
Fonds	Invest. -standorte	Mindestzeichnungs- summe (ohne Agio)	Übertrag- ungsquote
SAB-Fonds	Wahlmögl. Suhl, Dresden, Leipzig, Magdeburg	10.000 €	343-370%
SachsenFonds	Berlin	10.000 €	400%
Wert-Konzept	Erfurt	25.000 €	320%
Wert-Konzept	Frankfurt, Bonn	15.000 €	205%

Nicht ohne meinen Steuerberater

Dr. Peter Neuhaus muss sich also etliche Fragen beantworten:

- „Passt" das Investitionsobjekt zu mir?
- Welche Risiken will ich eingehen, um Steuern zu sparen?
- Ist in meiner Vermögensstrategie noch „Platz" für diese Art der Anlage?
- Passen die steuerlichen Eckdaten des Fondsangebots zu meiner Ausgangssituation?

Hier wird deutlich, dass zwei Experten zusammenarbeiten müssen. Der Steuerberater von Herrn Neuhaus muss dafür sorgen, dass die Rücklagen korrekt gebildet werden. Dies ist auch deshalb wichtig, da die **Aufteilung der stillen Reserven in Grund und Boden, Gebäude oder Anteile an Kapitalgesellschaften** im Betriebsvermögen bekannt sein muss, um die richtige Anlagesumme zu ermitteln. Der Gesetzgeber hat nämlich spezielle Restriktionen bei der erneuten Investition vorgesehen.

Vielleicht schaut der Steuerberater auch über den „Tellerrand". In manchen Fällen können andere Gesellschaftsformen (z. B. KG-Anteile) in Einzelunternehmen umgewandelt werden, um dann die Steuerprivilegien nach § 6b zu nutzen.

Anschließend muss der Fondsexperte das „passende" Angebot herausfiltern und ggf. nach neuen, besseren Beteiligungsprodukten suchen.

Dr. Peter Neuhaus beteiligt sich mit 50.000 € an einem § 6b-Fonds. Bei seinem Gesamtvermögen von 2.700.000 € kann und möchte er das Risiko in Kauf nehmen und die Fondsanlage zeichnen. Da der Initiator seriös und erfahren ist, vertraut er auf die Prognoserechnung und freut sich über die gesparten Steuern.

FB vom 22.09.2003

www.fuchsbriefe.de

„Steuersparmodelle"

Medienfonds

„Alle Jahre wieder . . . " geht der Run der Vermögensberater, Verkäufer und Vermittler auf den vermögenden Unternehmer los. **„Steuern sparen" ist das Stichwort, um sich bei Spitzenverdienern Gehör zu verschaffen.** In diesem Jahr wieder aktuell: Medienfonds. Die Anbieter sprechen von „d e m Wachstumsmarkt". Der potenzielle Investor wird mit Renditen jenseits der 10% gelockt. Es lohnt sich also, die Angebote genauer unter die Lupe zu nehmen, denn nicht immer lassen sich wirklich hohe Renditen erzielen und Steuern sparen.

„Stupid German Money"

Deutsche Anleger sind in Hollywood beliebt. Seit Jahren investieren Spitzenverdiener in Filmfonds. Es hat sich eine eigene Branche entwickelt, die mit immer neuen Projekten deutsches Geld nach Amerika transferiert. **In Hollywood wird längst vom „dummen deutschen Geld" gesprochen,** das die Filmindustrie überschwemmt. Grund: Unkontrolliert vom Anleger wird das mühsam Ersparte in mindestens zweifelhafte Filmprojekte investiert.

Aktuell können deutsche Anleger über 20 unterschiedliche Beteiligungen erwerben. Ab 5.000 € Ein-zahlung sind Investoren dabei. Einige Anbieter verlangen mindestens 25.000 €. Mit dem eingesammelten Kapital werden Filme finanziert, die Kassenschlager werden sollen. Die Mehrzahl der Fonds versuchen, die gesamte Wertschöpfungskette eines Films auszuschöpfen. Nach dem (erfolgreichen) Kinostart wandert der Film in die Videotheken (Verleihe). Zudem kann der Film vom Zuschauer als DVD oder Video erworben werden. Zum Schluss soll das Fernsehen noch zugreifen und den Film möglichst oft zeigen.

„Arnold for Investments"

Eines der Projekte, die derzeit angeboten werden, ist ein Film mit *Arnold Schwarzenegger* (Fonds DCM-IMF 3). **Der dritte Teil der „Terminator"-Serie wurde mittels deutscher Anlegergelder produziert.** Gesamtkosten: 150.000.000 €. Die ersten beiden Filme waren ein Kassenerfolg. Über 300 Mio. Dollar wurden eingespielt.

Doch lohnt sich solch ein Geschäft wirklich? Investiert der Anleger 100.000 €, sieht die Rechnung so aus: Die Überweisung an die Fondsgesellschaft beträgt 105.000 €. Denn neben der Beteiligungssumme muss auch das Agio bezahlt werden. Damit wird der Vermittler bezahlt. Doch das ist nur die halbe Wahrheit: Zusätzlich sind mindestens

weitere 5.000 € als „Innenprovisionen" kalkuliert, die für den Vertrieb gedacht sind. Es lohnt sich also für den Finanzmakler, hartnäckig zu „beraten".

Doch das sind nicht alle Kosten. Von den 100.000 € werden so genannte „produktionsnahe" Aufwendungen bezahlt. Das sind z. B. Anwaltskosten für internationales Filmrecht, für den Treuhänder und den Steuerberater. **Von den 105.000 € gehen maximal 93.300 in die Filmproduktion.** Nur diese stehen zur Erwirtschaftung einer attraktiven Rendite zur Verfügung.

Geld ist nicht weg . . .

Auch wenn Arnold Schwarzenegger viele Erfolgsfilme aufzuweisen hat – eine Garantie dafür gibt es nicht. Wird der Film ein Flop, geht der Anleger leer aus. Zwar sichert die Mehrzahl der Medienfonds ihre Anleger durch Versicherungen ab. Doch wird zumeist nur die Rückführung eines Teilbetrags der Investitionen garantiert. Die Erfahrung zeigt: Nur wenige Filme werden ein echter Erfolg. Häufig bleibt dem Anleger nur der Spott gemäß dem Motto „Ihr Geld ist nicht weg – es hat nur ein Anderer!"

Was motiviert dennoch den deutschen Anleger, seit Jahren solche Medienfonds zu zeichnen? Die Steuerersparnis im ersten Jahr! Da ein Film als immaterielles Wirtschaftsgut zählt, darf dieses im ersten Jahr abgeschrieben werden. Den Anleger freut es, denn er kann sein zu versteuerndes Einkommen in beträchtlicher Höhe reduzieren. Beim Schwarzenegger-Projekt beträgt die Quote 100% der Beteiligungssumme. Andere Anbieter kalkulieren 105% und mehr an Anfangsverlusten.

Steuern sparen eingeschränkt

Da dem Bundesfinanzminister diese Steuersparmodelle ein Dorn im Auge sind, hat er verschiedene Gegeninitiativen gestartet. Zum einen darf der Anleger Verluste zwischen den Einkunftsklassen nur teilweise ausgleichen. Ein lediger Anleger, der z. B. 500.000 € Einkünfte aus Gehältern und Mieten erzielt, kann neben 51.500 € (Sockelbetrag) Verluste nur bis zur Hälfte seiner positiven Einkünfte im Veranlagungsjahr geltend machen.

Herr *Eichel* hat zudem mit dem „Medienfonds-Erlass" für Aufregung in der Branche gesorgt. **Etliche Fondskonstruktionen der letzten Jahre werden nicht mehr möglich sein.** Ziel: Die hohen Anfangsverluste sollen wegfallen. Da es aber Übergangsregelungen gibt, forcieren die Anbieter den Druck auf den vermögenden Kunden. Motto: „Die letzte Chance zum Steuersparen". Doch auch künftig wird es Möglichkeiten der Sofort-Abschreibung geben. Bedingung: Der Anleger muss verstärkt in die Rolle des Unternehmers schlüpfen und sich u. a. am Auswahlprozess des Films beteiligen. Macht es demnach Sinn, Medienfonds zu zeichnen?

Ein Fall aus der Praxis

Franz Münzdorf hat in diesem Jahr ein zu versteuerndes Einkommen von 650.000 €. Der verheiratete Unternehmer ist Gesellschafter-Geschäftsführer seiner GmbH und erzielt daraus 500.000 € aus Gehältern und Tantiemen. Darüber hinaus stammen 20.000 € der Einkünfte aus Schiffsbeteiligungen, die er in den letzten 10 Jahren gezeichnet hat. 10.000 € sind Kapitalerträge. Der Rest stammt aus Mieteinkünften einer Gewerbeimmobilie.

Den 55-Jährigen plagt die Steuerlast. Das Finanzamt erhält über 310.000 € Steuern. Bevor die Summe an den Fiskus geht, würde Herr Münzdorf lieber gut investieren und so „zwei Fliegen mit einer Klappe schlagen".

Seine Bank hat das Problem längst erkannt und bietet ihm eine Beteiligung an einem Medienfonds an (VIP 3 Medienfonds). Der Clou: Egal wie der Film läuft, es wird mindestens die Beteiligungssumme zurückgezahlt – garantiert durch eine der großen deutschen Geschäftsbanken. Das Geld der Investoren soll in wenigstens drei Filmprojekte fließen. Laufzeit: 8 Jahre. Laut Prognoserechnung gehen dann über 180% der Beteiligungssumme an den Anleger zurück. Bis dahin sollen jährlich 3 bis 4% ausgeschüttet werden.

Der Vorschlag seines Bankberaters sieht vor, 250.000 € zu zeichnen. Damit könnte er auf einen Schlag sein zu versteuerndes Einkommen um diesen Betrag reduzieren. Die Steuerersparnis: 127.000 €.

Der zweite Blick

Auf den ersten Blick sieht es nach einem lukrativen Angebot aus. Unter den vielen Medienfondsangeboten sticht die Bankofferte positiv hervor. Doch lohnt sich das Investment wirklich? Der zweite Blick zeigt:

- Der Wunsch, „Steuern zu sparen", erfüllt sich für das Ehepaar Münzdorf nicht. In diesem Jahr wird das zu versteuernde Einkommen zwar reduziert. Aber im Jahre 2011 erhöht sich die Steuerlast erheblich. Nach der Prognoserechnung werden in 8 Jahren 460.000 € ausgezahlt, die vollständig steuerpflichtig sind. Da die Eheleute erst in 10 bis 12 Jahren ihre Firma verkaufen wollen, werden sie zum Ende der Beteiligung immer noch Spitzenverdiener sein. Nur wenn die Regierung den Spitzensteuersatz senkt, kommt es zu einer echten Steuerersparnis. Sonst bleibt es bei einer Steuerverschiebung.

- Im Fall Münzdorf kommt erschwerend hinzu, dass eine der Schiffsbeteiligungen voraussichtlich im Jahre 2011 endet. Auch hier – so die Prognoserechnung – erhöht sich das zu versteuernde Einkommen um ca. 25.000 €. Besser wäre eine Beteiligung, die kürzer oder länger läuft.

- Die prognostizierte Rendite von mehr als 10% pro Jahr ist mit Vorsicht zu genießen. Der Berechnung liegt die interne Zinsfußmethode zugrunde. Diese geht von zu optimistischen, teilweise unrealistischen Prämissen aus. Beispielsweise werden die Ausschüttungen zu der errechneten Rendite wieder angelegt. Doch eine solche Anlage muss erst einmal gefunden werden.

- Risikostreuung ist auch bei „Steuersparmodellen" wichtig. Daher ist es fraglich, ob die Eheleute alles „auf eine Karte" setzen sollten. Sinnvoll bei hohen Anlagesummen ist eine Streuung auf verschiedene Beteiligungsprodukte mit unterschiedlichen Anlageschwerpunkten. Im Fall der Eheleute kann daher ein Portfolio aus verschiedenen Beteiligungsprodukten angeraten sein. Wenn schon Medienfonds, dann lieber zwei oder drei Produkte zeichnen.

- Da die Eheleute mit Schiffen gute Erfahrungen gemacht haben, könnte z. B. noch eine Schiffsbeteiligung gezeichnet werden. Oder es könnte eine Beteiligung in die Entwicklung und Verwertung von Computerspielen „beigemischt" werden – vorausgesetzt, das Angebot ist gut gemacht.

- Medienfonds müssen den Betriebsprüfungen standhalten. Im „Kleingedruckten" der Prospekte lassen sich die steuerlichen Anerkennungsrisiken nachlesen. Im Verkaufsgespräch werden diese heruntergespielt. Doch wo bleibt das Anlagemotiv der Eheleute, wenn der Anfangsverlust nur eingeschränkt geltend gemacht werden kann?

Bei allen guten Argumenten für einen Medienfonds, mit denen die Branche aufwartet, sollten sich Münzdorfs viele Fragen stellen: Motiviert uns nur der Anreiz, Steuern zu sparen? Sind Renditen nicht auch mit anderen Kapitalanlagen erzielbar? Möchte ich mich wirklich mit vielen hundert Anlegern an einem Unternehmen beteiligen? Haben wir nicht schon genug Risiken durch die eigene Firma? Sollten wir nicht eher auf Nummer sicher gehen?

▶ **Fazit:** Spitzenverdiener sollten sich sehr genau überlegen, ob sie Filmbeteiligungen zeichnen. Der Erfolg eines Films ist nicht vorhersehbar. Und: Branchenkenner melden, dass nur ein kleiner Teil der bislang verkauften Medienfonds die Prognosen erfüllen. Filmbeteiligungen sollten aufgrund ihrer Risiko-Chancen-Struktur nur eine Beimischung im Gesamtvermögen darstellen und sie müssen in die Lebensplanung hineinpassen. Vergleichbare Nach-Steuer-Renditen lassen sich mit anderen Anlagen ebenso erzielen – nicht selten mit weniger Risiken.

FB vom 06.10.2003

Geschlossene Fonds

Immobilien

Der deutsche „Vermögende" ist Immobilien lastig – das bestätigen diverse Untersuchungen von Banken und anderen Instituten. Beim Blick in die Vermögensbilanzen von Unternehmern fällt der (zu) große Anteil an Investitionen in Stein und Beton auf. Die selbstgenutzte Immobilie und die vermietete Eigentumswohnung finden sich am häufigsten im Portfolio, aber auch Mehrfamilienhäuser, komplette Gewerbeobjekte oder die eigene Betriebsimmobilie ist im Bestand. Aufgrund des immer noch historisch niedrigen Zinsniveaus bleibt das Thema „Immobilienerwerb" auf der Tagesordnung vieler Strategiegespräche bei Banken und professionellen Finanzplanern. Häufig wird dabei nicht der Erwerb eines Einzelobjekts, sondern die Investition in geschlossene Fonds empfohlen. Dieses Phänomen wurde im vor wenigen Tagen veröffentlichten Bankentest der Private Banking Prüfinstanz erneut bestätigt.

Fall aus der Praxis

Ulf Pommering hat in der Boomphase des Neuen Marktes alles richtig gemacht. Er gründete ein Unternehmen, entwickelte Verschlüsselungssoftware und verkaufte die Firma innerhalb von wenigen Monaten an einen Konzern. Ergebnis: **3 Mio. € Verkaufserlös – vor Steuern.** Einen Teil des Geldes investierte Pommering in zwei Immobilien, beide privat genutzt. Der überwiegende Teil „parkt" in Wertpapierfonds. Die größten Positionen sind Geldmarktpapiere und ein offener Immobilienfonds mit europäischen Gewerbeimmobilien.

Nach einer Zeit der Ruhe will Pommering jetzt wieder durchstarten: Er plant, eine neue Spezialsoftware zu entwickeln. Dafür braucht er 2 Jahre Zeit, dann soll das Unternehmen verkauft werden oder ihm regelmäßige Erträge bringen. **Bislang kümmerte er sich selbst um seine Finanzen** und hatte dabei meist ein glückliches Händchen. Den Absturz der Börsen konnte er fast unbeschadet erleben. Dank Stopp-Loss-Order verkaufte er die Werte rechtzeitig. Jetzt sucht er professionelle Unterstützung für seine Vermögensanlage, denn mit der Unternehmensgründung bleibt ihm hierfür keine Zeit mehr.

Bei seiner Reise durch die „Bankenwelt" erhält der Unternehmer verschiedenste Empfehlungen. Viele „stürzen" sich auf sein Wertpapierdepot und entdecken, dass 1,2 Mio. € („fresh money") frei verfügbar sind. Hier locken neue Erträge für Banken und Vermögensverwalter.

Immobilien im In- und Ausland

Ulf Pommering bekommt nun viele Ratschläge. Die häufigste Empfehlung ist die Neuinvestition in Immobilienfonds. Dabei sind die Argumente höchst unterschiedlich. Da der Unternehmer berichtet hat, dass er von seinem Vermögen leben will, sehen etliche Banker die Investition in einen geschlossenen Immobilienfonds mit einer deutschen Immobilie für die richtige Investition an. **Gut 5.000 € im Monat benötigt Pommering zum Leben.** Wenn er beispielsweise 300.000 € in eine Immobilie, die an ein renommiertes Multimediaunternehmen vermietet ist, investiert, kann er auf Dauer mit einer Ausschüttung von knapp 12.000 € im Jahr rechnen. Zudem erhält der Zeichner in diesem Jahr eine Verlustzuweisung von ca. 60.000 €. Diese kann Pommering gut gebrauchen, denn er hat in diesem Jahr noch eine voll steuerpflichtige Restzahlung aus dem Verkauf seines ersten Unternehmens erhalten.

Sichere Anlage?

Was der Kunde seiner Bank noch nicht berichtet hat, sind seine schlechten Erfahrungen mit geschlossenen Fonds. Als „damals" der Verkaufserlös auf seinem Konto eingegangen ist, wollte Pommering dem Fiskus ein Schnäppchen schlagen und möglichst viel Steuern sparen. Auf Empfehlung seines Bankberaters beteiligte er sich mittels eines **Fonds an einer Berliner Hotelimmobilie.** Die Ausschüttungen sollten 5% pro Jahr betragen, selbstverständlich ansteigend. Wichtige Kriterien stimmten positiv: Der Initiator des Fonds, der Hotelbetreiber, der Standort, die Sicherheiten, die für den Crash-Fall vorgesehen waren, waren überzeugend.

Doch mit den Ausschüttungen ist es erst einmal vorbei. Das Management des Hotels schaffte es nicht, die Luxusherberge in schwarze Zahlen zu führen. Der Wettbewerb der Top-Hotels in Berlin wurde härter, die Auslastung blieb deutlich hinter den Erwartungen. Folge: Das Haus konnte die hohen Mieten nicht mehr bezahlen.

Nachdem auch die Mietbürgschaft aufgebraucht war, folgte die Kündigung des Mietvertrags und Suche nach einem neuen Hotelbetreiber. Glück im Unglück: Da der Fondsinitiator sein Handwerk auch in Krisenzeiten beherrschte (das ist nicht immer der Fall!), konnte er einen neuen Mieter finden. Doch dieser hatte eine starke Verhandlungsposition. Folge: **Für die nächsten 5 Jahre gibt es keine Ausschüttungen mehr.** Falls es dann halbwegs gut läuft, kann der Anleger wieder hoffen – also auch Ulf Pommering. Das Beispiel zeigt: geschlossene Immobilienfonds werden häufig als „sichere Kapitalanlagen" verkauft, doch sie sind keine risikolosen Investitionen. Daher gilt: **Risikoscheue Anleger sollten geschlossene Immobilienfonds grundsätzlich meiden!** Dies gilt besonders dann, wenn der Anleger vom wirtschaftlichen Erfolg des Betreibers abhängig ist. Dies trifft besonders auf Hotelimmobilien, die Investition in Kinos oder auch Seniorenheimen zu.

Gute Angebote vorhanden

Ohne Frage: Es gibt auch gute Angebote unter den geschlossenen Immobilienfonds. Solide konstruiert, von einem erfahrenen Initiator aufgelegt und von einem kompetenten Fondsmanagement geführt, passt das eine oder andere Angebot in das Portfolio eines vermögenden Kunden. Aber: Der „Preis" ist **eine sehr langfristige Bindung des Kapitals.** Laufzeiten von 15 und mehr Jahren sind für Investitionen in deutsche Immobilien die Regel. Und wer weiß, wie der Markt im Jahre 2020 oder 2030 aussieht?

Zurück zum Fall: Mit diesem Erfahrungshorizont lässt sich Ulf Pommering für eine Investition in eine deutsche Immobilie nicht begeistern. Das spüren die Berater mehr oder weniger deutlich und präsentieren daher eine andere „Kategorie" von Immobilieninvestments: die Auslandsfonds. **Der Erwerb eines Objekts in den USA, den Niederlanden, in Kanada, Österreich oder in Osteuropa bringt viele Vorteile:** kürzere Laufzeiten, Steuerfreiheit der Erträge, höhere Renditen. Die Argumente stimmen. **Insbesondere die Steuerfreiheit verspricht interessante Renditen.** Grund hierfür sind die Doppelbesteuerungsabkommen, die Deutschland mit anderen Staaten, wie z. B. den USA, geschlossen hat. Wenn sich ein Anleger beispielsweise mit 200.000 € an einer US-Immobilien beteiligt und er jährlich 14.000 € an Ausschüttungen erhält, so sind diese Erträge quasi steuerfrei. Zwar muss der deutsche Fiskus mittels Steuererklärung über die ausländischen Einkünfte informiert werden, aber die Ausschüttung bleibt unversteuert. Nur das inländische Einkommen, das der Anleger hat, wird minimal höher besteuert.

Doch dieses System funktioniert nur wirksam bei Steuerpflichtigen im Spitzensteuerbereich. Im Fall von Ulf Pommering ist aber nicht ohne Weiteres klar, ob er in den nächsten Jahren ein solch hohes steuerpflichtiges Einkommen haben wird. Seine Frau und er werden überwiegend vom Vermögen leben. Die isolierte Empfehlung, in einen Auslandsfonds zu investieren, könnte sich also als Fehlberatung herausstellen. Pommering muss also mehrere Fragen gleichzeitig beantworten (lassen): **Wie soll meine Vermögensstruktur grundsätzlich aussehen?** Wie hoch soll der Immobilienanteil, der Anteil des liquiden Vermögens, der der übrigen Werte in meinem Gesamtvermögen sein? Reichen zwei Wohnimmobilien aus oder sollte der Anteil etwas höher sein? Wie verläuft das steuerpflichtige Einkommen in den nächsten Jahren? Die entscheidende Frage dabei ist die nach der Vermögensstruktur. Damit zeigt sich eins: Die **Investitionsentscheidung für oder gegen einen geschlossenen Immobilienfonds sollte nicht isoliert** getroffen werden. Leider ist häufig in der Beratungspraxis der Finanzvertriebe und Banken das Gegenteil anzutreffen:

„Wir haben gerade einen neuen Immobilienfonds. Der ist schon fast vollständig platziert. Wir wollen nicht drängen, aber sie müssen sich beeilen" So oder ähnlich läuft die Verkaufsmaschinerie, mit der der vermögende Kunde konfrontiert wird. Lohnenswert ist es für den Verkäufer auf jeden Fall. Die Provisionen betragen nicht selten 7 bis 10% des eingezahlten Eigenkapitals. Und ob sich der Fonds wirklich rechnet, weiß der Anleger sowieso erst Jahre später. Dann ist aber die Haftungszeit für Beratungsfehler bereits abgelaufen.

Nicht alles „verteufeln"

Um es deutlich auszusprechen: Die Investition in geschlossene Immobilienfonds kann für den vermögenden

Anleger stimmig und passend sein. Die Warnung bleibt aber: Nicht übereilt, nicht unter Druck und nicht ohne intensive Auseinandersetzung mit dem Fondsprospekt beteiligen. Dies gilt für inländische und ausländische Immobilien. Fairerweise muss betont werden, dass der ausländischen Immobilienmarkt für deutsche Anleger in der Vergangenheit ausschließlich über geschlossene Fondskonstruktionen zu erschließen war.

Dank der boomenden Immobilienmärkte in den USA haben die Anleger teilweise Top-Renditen erzielen können. Doch auch hier gibt es einen „Immobilienzyklus". Nach renditestarken Phasen beruhigen sich die Märkte. Auch Mietrückgänge sind zu verzeichnen, die zu Minderrenditen führen können. Zudem spielt das **Währungsrisiko** – das auch eine Chance sein kann – für die Investitionsentscheidung eine Rolle.

Offene Immobilienfonds mit Anlageschwerpunkten		
Fondsname	Anlageschwerp.	WKN
KanAm US-Grundinvest	USA	679 181
KanAm Grundinvest	Frankreich	679 180
SKAG 3	Europa / USA	977 268
Hausinvest	USA / Kanada	254 473

Ulf Pommering nutzt eine neue Möglichkeit, sein Immobilienportfolio breiter zu streuen. Er investiert in offene Immobilienfonds (Auswahl siehe Tabelle) mit Auslandsschwerpunkt. Sein Vorteil: Diese Anteile kann er jederzeit wieder verkaufen. Zudem **investiert** er nicht nur in ein bis drei Objekte, wie es für geschlossene Konstruktionen üblich ist, sondern **in 10 bis 20 Objekte gleichzeitig.** Und er fragt sich – in seinem Fall berechtigt: Wozu brauche ich eigentlich geschlossene Fonds?

FB vom 06.12.2004

www.fuchsbriefe.de

Geschlossene Fonds

Gebrauchte Policen

Wer eine Lebensversicherung abschließt, bindet sich meist für viele Jahre. 20, 30 oder gar 50 Jahre sind keine Seltenheit. Doch später stellt sich die Entscheidung für eine Police oft als falsch heraus. Die Statistik sagt, dass die Mehrzahl der Verträge in Deutschland nicht bis zum vertraglichen Ende gezahlt werden. Auch die US-Bürger und die Briten überlegen häufig, ob sie ihre Versicherungsverträge kündigen sollten. Diese Anleger sind die Anbieter einer neuen Produktkategorie, die sich einer immer größeren Beliebtheit bei deutschen Anlegern erfreut: gebrauchte Lebensversicherungen.

Die deutsche Lösung

Arbeitslosigkeit, „Hartz IV", Schulden oder der Wunsch, das vorhandene Geld anderweitig einzusetzen, motivieren insbesondere deutsche Versicherungskunden, über ihren Vertrag nachzudenken. Bislang gab es nur **zwei Alternativen: Kündigung oder Beitragsfreistellung.** Bei der Kündigung wird der Rückkaufswert gleich aufs Konto überwiesen. Bei der Beitragsfreistellung werden die Prämien nicht weitergezahlt. Das im Vertrag ruhende Geld wird erst zum ursprünglichen Vertragsende ausgezahlt. Relativ jung ist die Möglichkeit, die Police über einen professionellen Makler zu verkaufen.

Für Kunden deutscher Versicherungsverträge haben sich insbesondere cash.life und BCnet etabliert. Sie haben nach eigenen Angaben seit 1999 bereits Policen zum Wert von über 800 Mio. € erworben. Weitere Anbieter (s. Tabelle) stehen als Geschäftspartner zur Verfügung.

Anbieter	Mindestrückkaufswert	seit	Internet
cash.life	10.000 €	1999	cashlife.de
BCnet	6.000 €	1999	bcnet.de
Partner in Life	15.000 €	2001	partnerlife.de
Barwert	10.000	2001	barwert.de
Agis	5.000 €	2003	agis-ag.de
secondhand-police	5.000 €	2003	secondhandpolice.depolice

Aber nicht jede Police wird angekauft. Ausgeschlossen sind z. B. Fondspolicen oder Direktversicherungen. Auch Gesellschaften, die aus Sicht der Aufkäufer zu schlechte Bilanzdaten aufweisen, fallen durchs Raster. Dennoch liegt der Vorteil für den Kunden auf der Hand: Im Vergleich zur Kündigung der Police bekommt er stets mehr auf sein Konto überwiesen. Manchmal sind es nur 2% mehr, in anderen Fällen können es über 10% sein. Ein hoher Mehrwert ist meist dann gegeben, wenn die Laufzeit des Vertrags bis zum Verkauf keine 12 Jahre beträgt. Hier

müsste bei Beendigung Kapitalertragsteuer gezahlt werden. Beim Verkauf des Vertrags geht der Fiskus leer aus – zum Vorteil des Policenverkäufers.

Was machen die Ankäufer nun mit diesen Policen? Die Antwort ist einfach. Die **Verträge werden gebündelt und in Form von geschlossenen Fonds wieder an deutsche Anleger verkauft.** Da halbwegs attraktive Renditen u. a. durch Bonuszahlungen erst zum Ende der Laufzeit entstehen, erhält der Erwerber diesen Profit.

Einer der Anbieter solcher geschlossener LV-Fonds ist MPC. Der börsennotierte Initiator will Policen in Höhe von ca. 390 Mio. € erwerben. Davon werden aber 265 Mio. € per Darlehen finanziert. Der Anbieter nutzt also den aus der Betriebswirtschaft bekannten „Leverage-Effekt". Da die zu erwartenden Erlöse aus den Policen höher sind als die Kreditzinsen, rechnet sich das Modell. Der Anleger, der sich für dieses Angebot entscheidet, muss in zwei Tranchen einzahlen. Dann wird sein Geld investiert. Rückflüsse soll es ab 2009 geben. Im Jahre 2019 soll dann das vollständige Kapital plus Ertrag beim Anleger angekommen sein.

Prognostiziert werden Renditen von 6% nach Steuern. Sicherheit gibt es aber nicht. Angenommen, die Rendite der gekauften Policen verschlechtert sich, wird dies auch der Anleger zu spüren bekommen. Auch, wenn die Fremdfinanzierungszinsen höher sind als prognostiziert, kann es eng werden. Es bleiben somit etliche Unbekannte.

Die britische Lösung

Unter den Namen wie „British Life" kommen in den letzten Monaten immer mehr Angebote auf den Markt. Die Argumente der Anbieter klingen überzeugend:

- Wenig Risiken, da die Versicherungsleistungen garantiert sind.

- Günstiger Einstieg, da britische Policen als unterbewertet gelten.

- Ausnutzen von Freibeträgen durch Doppelbesteuerungsabkommen.

Das letzte Argument wird etwas kritisch beäugt, zumindest beim Initiator Lloyd Fonds. Dieser managt den Fonds von Österreich aus. Bisher gab es hier für Ausländer attraktive Freibeträge, die für Anleger im Spitzensteuerbereich für quasi steuerfreie Erträge aus der Anlage sorgten. Doch ein neuer Ministerialentwurf des deutschen Nachbarstaats will diesen Grundbetrag auf 2.000 € reduzieren. Folge: Die Rendite für den Anleger sinkt – nach ersten Schätzungen um ca. 1 Prozentpunkt.

Das Argument, jetzt günstig einkaufen zu können, ist fundiert. In den letzten Jahren haben sich die britischen

Anbieter bei ihren Gewinnzuweisungen sehr zurückgehalten. Der starke Kursrückgang an den Börsen mahnte zur Vorsicht, zudem britische Lebensversicher einen großen Teil, teilweise mehr als 80%, in Aktien anlegen. Doch jetzt haben sich die schwierigen Zeiten gelegt und Experten erwarten, dass die künftigen Gewinnzuweisungen und der für englische Policen typische Schlussbonus für einen kräftigen „Renditekick" sorgen wird. Dass die Argumente zumindest zum Teil stimmen, konnte Lloyd Fonds vor Kurzem vermelden: Der Anbieter hat für 903.000 Pfund britische Policen erworben, die bereits jetzt eine Kapitalgarantie von 109% ausweisen.

„Über Nacht" sind mehrere Fondsanbieter gleichzeitig gestartet, um deutsche Anleger zu gewinnen (s. Tabelle). Fraglich ist, ob es genug Qualitätspolicen gibt. Wenn so viele Anbieter auf den britischen Markt stürmen, werden die Preise steigen. Dies senkt die Rendite.

Initiator	Fondsname	Volumen in Mio. €	Laufzeit in Jahren
Lloyd Fonds	Brit. Kapital Leben 1	34,5	14
Rothmann & Cie.	TrustFonds UK1	50,0	15
König & Cie.	Britische Leben	62,0	14
Ideenkapital	Prorendita Brit. Leben	46,0	14

Angaben ohne Gewähr

Anleger müssen übrigens nicht zwingend mittels Fonds britische Second-Hand-Policen erwerben. Es geht auch direkt. **Im Rahmen von Private Placement können via England d i r e k t Policen erworben werden.** Diese Strategie ist für vermögende Private interessant, da sie die hohen Kosten der Fondskonstruktion vermeiden können. Im Gegensatz dazu ist das Risiko aber höher, denn in der Poollösung werden stets mehr als 1.000 Verträge erworben. Der Einzelanleger wird selten mehr als 20 Policen kaufen wollen.

Die US-Lösung

Während bislang der Blick auf attraktive Renditen bei gebrauchten Policen im Vordergrund steht, werden Interessenten von US-Policen mit einem ethischen Problem konfrontiert. In den USA besteht der Zweitmarkt für Policen aus zwei Bereichen: dem sog. „Senior Settlement" und dem „Vertical"- Markt. Im zweiten Marktsegment werden **Policen von Todkranken mit nur kurzer Lebenserwartung erworben.** Unterlegt mit einem medizinischen Gutachten erkennt der Erwerber der Policen, dass sein Verkäufer nur noch 12, 24 oder maximal 72 Monate zu leben hat.

Je eher die versicherte Person stirbt, desto eher wird die Versicherungssumme ausgezahlt – und die Anlagerendite steigt. Dennoch muss Folgendes gesehen werden: Der Kranke ist in einer schwierigen Situation. Er kann seine Police nicht weiter bedienen, da das Geld fehlt.

Beendet er die Beitragszahlung, fällt auch der Versicherungsschutz weg. Durch den Verkauf erhält er aber einen Geldbetrag, der ihm für Medikamente, Pflege und andere wichtige Dinge zur Verfügung steht. Eine Kündigung des Vertrags kommt nicht in Frage, da es sich bei diesen US-Policen um Risikoversicherungen handelt, die keinen Kapitalstock aufbauen. Gezahlt wird nur bei Tod der versicherten Person, und wenn die Person sehr alt wird, wird das Geld eben erst z. B. im 98. Lebensjahr fällig.

Beim „Senior Settlement" ist der bittere Nachgeschmack geringer. Die **Policen,** die hier verkauft werden, **gehören Versicherten, die mindestens 75 Jahre alt sind.** Doch auch hier wird am Tod verdient – nur kommt hier kein individuelles medizinisches Gutachten zum Tragen, sondern die Statistik in Form der prognostizierten Lebenserwartung von alten Menschen.

Wer allerdings die „Vermögensbrille" aufsetzt, sieht viel Licht im Dunkeln. Anders als deutsche oder britische Policen sind US-Produkte völlig abgekoppelt von den Aktienmärkten, den Zinsentwicklungen oder den Rohstoffmärkten. Selbst ein Terroranschlag wie der 11. September 2001 berührt diese Vermögensklasse nicht. Die Rendite ergibt sich ausschließlich aus der Differenz des Ankaufpreises und – der bereits heute bekannten – Auszahlung im Todesfall. Nur das **Währungsrisiko muss beachtet werden.**

Die Renditen sind attraktiv. Einzelpolicen haben Renditeerwartungen von mehr als 8% nach Steuern. Die Fondskonstruktionen haben zudem vorgesehen, die Erlöse steuerfrei einzukassieren – zum Ärger der deutschen Steuerbehörde. Diese sehen die ursprünglich als vermögensverwaltend geltenden Fonds als gewerblich tätige Gesellschaften an. Dies hat erhebliche Renditeeinbußen zur Folge. Zwar versuchen die Fondsinitiatoren mit vielen Argumenten diese Auffassung zum Kippen zu bringen. Doch die Erfolgsaussichten – so die Meinung von Steuerexperten – liegen im Dunkeln.

Geld schenken ohne Fiskus

US-Policen sind auch für einen „Estate Planner" spannende Produkte. Diese Profis beraten vermögende Mandanten bei der Übertragung des Vermögens von einer Generation zur nächsten. Nach herrschender Auffassung haben US-Risikoversicherungen aber keinen erbschaftssteuerlichen Wert, solange der Tod der versicherten Person nicht eingetreten ist. Damit könnten Millionenbeträge ohne Fiskusbeteiligung z. B. an den nicht verheirateten Lebenspartner übertragen werden, der sich mangels Verwandtschaftsgrad die Zuwendung sonst mit dem Staat teilen müsste. Auch, wer die schenkungssteuerlichen Freibeträge längst ausgeschöpft hat, findet mit dieser Anlageklasse neue Möglichkeiten.

FB vom 22.11.2004

Container

Logistik als Vermögensanlage

Bei der Suche nach der richtigen Zusammensetzung des eigenen Vermögens haben sich in den letzten Jahren die Prioritäten geändert. Standen in den 90er Jahren Renditeoptimierungen im Vordergrund, so **geht es jetzt in vielen Beratungsgesprächen in erster Linie um Risikostreuung.**

Fall aus der Praxis

Sebastian Drave, 38 Jahre alt, sucht seit einiger Zeit vermehrt die Gespräche mit seinen Bankberatern. Grund: Seine GmbH macht gute Geschäfte. Sein Gehalt konnte er kontinuierlich steigern. Zudem kann das Unternehmen seit zwei Jahren Gewinne ausschütten. In den letzten beiden Jahren waren es jeweils 50.000 €. Sein Gesamteinkommen liegt bei 250.000 €. Trend: deutlich positiv.

Der ledige Consultant, Chef von 10 Mitarbeitern, ist spezialisiert auf Beratungen von Pharmazieunternehmen. Sein Nettovermögen beträgt 580.000 €. Die Lebenshaltungskosten sind überschaubar. Daher ist ausreichend Platz für den Vermögensaufbau. Sein Job bedeutet viel Arbeit und lange Reisen. In der Freizeit kümmert er sich um seine körperliche Fitness. Für intensives „Geldstudium" ist aber keine Zeit – so benötigt er Fachkompetenz und einen guten Berater. Nicht selten sind es aber seine Kollegen, die ihm Tipps geben. So auch dieses Mal. Er solle doch mal in Container investieren, so der freundschaftliche Rat seines Kompagnon.

Auf der richtigen Fährte

Der Unternehmensberater ist bei seiner Suche nach Anlagealternativen auf einer guten Fährte. Wer Risiken streuen möchte, kann dies besonders gut durch den Einsatz möglichst unterschiedlicher Vermögensklassen erreichen. **Längst sind die Zeiten vorbei, in denen ein gut strukturiertes Vermögen aus Aktien, Renten und Immobilien bestehen sollte.** Andere Vermögensklassen sind notwendig. Auf diese Weise wird das Gesamtvermögen weniger anfällig auf die Wirren der Weltwirtschaft, der Währungsschwankungen und der Zinsentwicklung. Gesucht werden Vermögenswerte, die mit den herkömmlichen Anlageklassen wenig, gar nicht oder sogar negativ „korrelieren". Dieser Fachbegriff beschreibt die Zusammenhänge zwischen zwei Vermögensklassen oder zwei Einzelwerten der gleichen Vermögensklasse. Am Beispiel Aktienmarkt wird dies deutlich: Angenommen, ein Investor besitzt ein Depot, das ausschließlich aus Aktien von rohstoffverarbeitenden Unternehmen besteht. Steigt der Ölpreis, werden sich in der Regel auch die Kurse seiner Aktien nach oben bewegen. Fällt der Preis für das schwarze Gold, so sinkt auch der Depot-

wert. Es handelt sich um ein relativ riskantes Depot. Wer jetzt das Risiko reduzieren möchte, könnte auf die Idee kommen, einen Teil der Aktien zu verkaufen und dafür Rentenwerte zu kaufen. Doch es geht auch anders. Der Investor bleibt bei der Vermögensklasse Aktien und kauft statt dessen Automobilaktien. Von diesen erwarten die Analysten nämlich Kurssteigerungen, wenn der Ölpreis fällt. **Die Öl- und Automobilaktien haben also gegenläufige Bewegungen zueinander – sie „korrelieren" negativ.** Sind beide zu gleichen Teilen im Depot, so ergibt sich auch bei großen Änderungen der Rohstoffpreise keine erhebliche Bewegung im Depotwert. Das Depot schwankt deutlich weniger.

Risikostreuung bedeutet also, Vermögenswerte zu finden, die sich in den verschiedenen Kapitalmarktsituationen gegenläufig oder neutral zu den übrigen Werten verhalten. Selbst wenn die einzelnen Werte stark schwanken, so ist dieses im Grunde dem Anleger egal, wenn er einen genau gegenläufigen Wert im Depot hat. Der Fachmann nennt dieses dann eine negative Korrelation mit der Kennziffer „-1".

Container haben Zukunft

Investitionen in Container können dank ihrer relativen Unabhängigkeit zu anderen Anlageformen helfen, Risiken im Vermögen zu reduzieren und dabei noch ansehnliche Renditen zu erwirtschaften. Für das Investment sprechen etliche Gründe: Seit „Erfindung" der Container werden die Behälter immer mehr zu d e m Mittel, Güter über weite Strecken zu transportieren. Gemessen wird in TEU: Eine Twenty Foot Equivalent Unit entspricht einem 20-Fuß-Container mit den Maßen 6,10 Meter mal 2,40 Meter. Waren es 1980 noch 38,8 Mio. TEU, so sind bereits im Jahre 2003 282 Mio. TEU zu verzeichnen gewesen. Für 2009 sind laut führender Researchunternehmen über 400 TEU zu erwarten. Ein Ende des Wachstums ist erst einmal nicht in Sicht. Grund dafür ist das überzeugende Konzept der genormten Behälter. Ob großes oder kleines Schiff, ob Güterzug oder Lastwagen: Dank der Standardisierung passen die Behälter ohne große Mühe auf die Transportmittel.

Neu ist das Investment nicht. Fast drei Jahrzehnte können deutsche Anleger Container kaufen. So lange ist der Marktführer P&R aus Grünwald dabei, Kunden zu werben. **Das Konzept: Der Investor erwirbt einzelne Container.** Diese kosten derzeit 2.075 € pro Stück. P&R nimmt dem Anleger dabei sämtliche Arbeit ab. Die Vermietung an Reedereien und Leasinggesellschaften erfolgt ohne Zutun der Kunden. Die **Miete ist garantiert, die Abschreibungen sind ebenso bekannt.** Nach fünf Jahren ist das Geschäft abgeschlossen. Der Kunde bekommt sein Geld zurück. Der hochversteuerte Anleger kann sich auf eine Rendite von über 5,7% p. a. freuen.

Doch in der Branche wurde der Anbieter mit Skepsis betrachtet. Es fehlt Transparenz, um das Konzept im Detail zu durchblicken. Doch die von Wirtschaftsprüfern testierte Leistungsbilanz stimmt: Nach fast 30 Jahren besteht der Anbieter weiter und platzierte im Jahre 2004 ca. 600 Mio. €.

Unabhängig von Aktien und Renten

Für Sebastian Drave könnte das Angebot also interessant sein. Er investiert in einen weiterhin wachsenden Markt, zudem sind die Risiken überschaubar. Gegenüber den klassischen Risiken wie Aktienmarkt und Zinsentwicklung verhält sich seine Anlage weitestgehend neutral. So kommt **Stabilität in das Gesamtvermögen.**

Bis 1997 hätte der Unternehmer keine Alternative zu P&R gehabt. Doch in den letzten Jahren haben sich Konkurrenten am Markt Platz geschaffen. Zwei Anbieter bringen ähnliche Beteiligungsofferten an den Markt. Dazu zählen Schroeder & Co. und DTF. Der letztere geht von einer geringeren Abschreibungsdauer aus und erhöht so die Rendite – vorausgesetzt, das Finanzamt gibt dem Anbieter Recht. Denn wie sich Betriebsprüfer hier verhalten, bleibt abzuwarten und eine **verbindliche Auskunft der Finanzbehörden gibt es nicht.** Während der Anleger bei P&R und DTF stolzer Besitzer eines Containers wird, handelt es sich bei Schroeder um einen Mietkauf.

Wenn sich Unternehmer Drave ums Detail kümmern will, wird er sich bei Schroeder mächtig einarbeiten müssen. Der gewöhnliche Anleger wird die Konstruktion, die mit Fremdkapital und Master-Lease-Verträgen arbeiten, nicht gleich durchschauen. Da sind die beiden anderen Anbieter einfacher strukturiert und verständlicher.

Auch als Fonds erhältlich

Erst seit relativ kurzer Zeit gibt es Container auch als geschlossene Fonds. Zwei Anbieter, Conrendit und Buss Capital, haben Fonds aufgelegt, in denen sie das Kapital der Anleger sammeln. Zusätzlich werden Darlehen aufgenommen. 60 bis 70% des Investitionsvolumen können fremdfinanziert sein. Mit der Gesamtsumme wird dann ein Portfolio an Containern erworben und wieder vermietet.

Mix statt Einzelwert

Sollte sich Berater Drave für diese Offerte erwärmen können, besitzt er 20-TEU und 40-TEU-Container, an denen er Geld verdienen kann. Ebenso werden Spezialcontainer erworben. Damit das alles funktioniert, ist viel Spezial- und Branchenwissen der Anbieter notwendig, das aber zumeist nachgewiesen werden kann. Die **Zielrendite der Fondsangebote beträgt 7 bis 8% pro Jahr.** Steuerlich werden die Beteiligungen als

vermögensverwaltende Gesellschaften betrachtet. Doch ob das Finanzamt hier mitspielt, bleibt auch hier abzuwarten. Ähnlich wie bei den Fonds in gebrauchte US-Lebensversicherungen muss das Finanzamt nicht zwingend den Argumenten der Anbieter folgen. Es könnte auch von einer gewerblichen Tätigkeit ausgehen. Das macht das Investment nicht unseriös oder zum Verlustgeschäft, aber die Rendite sinkt um ca. 1,5 Prozentpunkte – ein Risiko, das die Anleger beachten sollten. Übrigens: Die **Wahrscheinlichkeit, dass Anleger mit Einzelcontainern vom Finanzamt als gewerblich tätig eingestuft werden, ist erheblich geringer.**

Zum Krisengespräch nach Portugal

Einen anderen Weg geht der MDS Containerfonds Lda. & Comandita. Das in Deutschland vertriebene Produkt hat den **Fondssitz auf Madeira.** Damit geht der deutsche Fiskus leer aus. Die Erträge unterliegen – vergleichbar den geschlossenen Fonds mit Auslandsimmobilien – dem Doppelbesteuerungsabkommen. Folge für den hochbesteuerten Anleger: Er kann die **Erträge nahezu steuerfrei** vereinnahmen. Als Rendite werden mehr als 8% nach Steuern, bezogen auf das durchschnittlich gebundene Kapital, prognostiziert. Problem: Wenn es mit dem Fonds nicht so gut läuft, werden die entscheidenden Gesellschafterversammlungen in Portugal stattfinden.

Ist der Containermarkt ohne Risiko? Nicht wirklich. Der europäische Anleger muss bedenken, dass die Transportbehälter überwiegend in US-Dollar vermietet und gehandelt werden. Grundsätzlich versuchen die Anbieter, dieses Risiko durch €-Verträge zu mindern. Wenn Darlehen im Fonds aufgenommen werden, könnte ein Zinsanstieg zu einer niedrigeren Rendite führen, da die Darlehenskosten steigen. Die Gefahr ist wegen der relativ kurzen Fondslaufzeiten aber überschaubar.

Das **Geschäft hängt vor allem von der Fähigkeit der Anbieter ab, als Containervermieter gute Erträge zu erwirtschaften.** Fehlt der nötige Zugang zum Markt, wird auch der Erfolg der Anlage auf sich warten lassen. Vor der Investition sollte der Anleger diesen Aspekt prüfen und sich den Prospekt genau ansehen.

Warum eigentlich Risiken?

Sollte der Containermarkt – entgegen den Erwartungen – einbrechen, sind bei den Fondskonstruktionen auch die Ertragsprognosen in Gefahr. Dann könnte der gewünschte Renditekick durch die Darlehensaufnahme zum „Pferdefuß" der Anlage werden. Unternehmensberater Drave investiert daher direkt in Container und verzichtet damit auf eine „interne" Finanzierung im Fonds. Das mindert zwar die Renditeerwartung – reduziert aber das Risiko. Und dies ist schließlich das Anlageziel des Consultants.

FB vom 31.01.2005

Immobilien

Dubai – Eldorado für Kapitalanleger?

Kapitalanleger sind – so zumindest die Meinung der „Hersteller" von Finanzprodukten – ständig auf der Suche nach innovativen Anlagemöglichkeiten. Alte Investmentideen ließen sich deutlich schwerer verkaufen als interessante Neuigkeiten. In der jüngeren Vergangenheit waren es z. B. die US-Lebensversicherungen, die hohe Renditen bei relativ geringen Risiken versprachen. War es zunächst die Idee eines einzelnen Investmenthauses, kamen kurze Zeit später die Wettbewerber mit einem ähnlichen Modell auf den Markt. Der Zulauf der Anleger war rege und kurz: Etliche Monate danach meldeten Experten, dass die prognostizierten „Einstandsrenditen", die mit mehr als 15% angegeben wurden, wohl nicht erreichbar seien. Erste Anbieter bliesen zum Rückzug und nahmen ihre Angebote vom Markt.

Ein solcher „Produktlebenszyklus" ist in der Vergangenheit bei vielen Neuigkeiten am Markt der Finanzprodukte zu erkennen gewesen: Ein Anbieter hat eine neue Anlageidee, erscheint sie lukrativ, springen viele andere auf den Zug mit auf. Dabei – so die Erfahrungen – fahren auch diejenigen mit, die in dem neuen Investmentmarkt nur wenig oder gar keine Erfahrung mitbringen. **Auf den ersten Boom führt dann regelmäßig die Konsolidierung des Marktes.** Es trennt sich „Spreu vom Weizen" und nur noch wenige Anbieter bleiben übrig, die dann aber ihr Geschäft verstehen.

Eine junge Investmentidee, die offensichtlich am Anfang eines solchen Lebenszyklus steht, wird derzeit am Markt etabliert: Immobilien in Dubai.

Arabischer Traum

Dubai zählt zu den dynamischsten Metropolen der Welt. Der Ölstaat, der erst 1966 seine Ölvorkommen entdeckte, hat sich in den letzten Jahren zu einer Stadt der Superlative entwickelt. Die besten Hotels, die größten künstlichen Inseln, die attraktivsten Freizeitparks, gigantische Wolkenkratzer und die größte Shopping-Mall der Welt nennt Dubai-City sein Eigen. Ausländische Investoren werden damit gelockt, dass sie ein **lebenslanges Aufenthaltsrecht und Steuerfreiheit** genießen können. Die Rechnung der Dubaier Regenten geht offensichtlich auf: Ein Immobilienboom entsteht, die Preise steigen, eine Vielzahl internationaler Unternehmen residiert nun in Dubai.

Ein Fall aus der Praxis

Wen wundert es, dass bei solchen Zahlen nicht auch der deutsche Anleger umworben wird? So ergeht es zumindest Rüdiger Rondel. Der 45-jährige Vater von zwei

Kindern ist mit seiner Frau Sabine bereits in dritter Generation im Familienunternehmen tätig. Die Eltern von Herrn Rondel haben sich vor kurzem in den Ruhestand verabschiedet. Über eine ausländische Stiftungslösung sind die finanziellen Verhältnisse für Eltern und Kinder gut geklärt, so dass sich die Familie Rondel dank des beträchtlichen Vermögens keine Sorgen um ihr Auskommen zu machen braucht. Im Gegenteil: Jedes Jahr steht aus den Überschüssen ein neuer Anlagebetrag von ca. 500.000 € zur Verfügung, den Rondel junior in Kapitalanlagen investieren kann.

Unternehmer Rondel hat vor einiger Zeit im Fernsehen eine Sendung über die Entwicklung in Dubai gesehen. Über seinen Steuerberater erhält er den Tipp, sich an einen Finanzmakler zu wenden. Dieser hätte in der Kanzlei ein neues Produkt vorgestellt: Eine **Hotelimmobilie in Dubai.** Rondel nimmt Kontakt auf und erhält einen Hochglanzprospekt. „DUBAI 1.000 Hotelfonds" nennt sich das Beteiligungsangebot, mit dem auch eine Dubai-Reise mit Seminar für 599 € einschließlich Flug angeboten wird.

Der Unternehmer studiert das Prospekt und findet viele Informationen aus der Fernsehsendung wieder. 5,4 Mio. Besucher sind 2004 in Dubai angereist, in fünf Jahren wird die dreifache Summe erwartet. Die Hotels sind gut gebucht. Für das 1. Quartal 2005 liegt die **Auslastung bei einem für Hotels traumhaften Wert von 93%.** Bei dieser Perspektive scheint es „logisch", dass Dubai neue Hotels braucht. Wer sich jetzt an dem Angebot beteiligt, profitiert an diesem Touristikboom. Der Prospektherausgeber formuliert dieses in seinem im Mai 2005 gedruckten Heft so: „All diese Faktoren sollten Garanten dafür sein, dass die für den DUBAI 1.000 Hotelfonds prognostizierten Einnahmezahlen problemlos erreicht oder sogar überschritten werden können."

Die Eheleute steigen in die Details des Angebots ein. Das Hotel soll 1.050 Zimmer haben und damit das zurzeit größte Hotel der 4-Sterne-Kategorie werden. Wer 100.000 € in das Hotel investiert, kann jedes Jahr 12 Nächte im Hotel kostenfrei übernachten. Wer nicht so viel investieren will, erhält drei **Gratis-Übernachtungen.** Dann müssen aber mindestens 25.000 € eingezahlt werden.

Auf die Partner kommt es an

Dies alles hört sich für die Unternehmer gut an. Doch es kommt auf die Partner an, die dieses Projekt stemmen wollen. Auf Seite 26 des Prospekts wird deutlich, wer die Idee für diesen Fonds hatte. Ein Herr namens Georg Recker, nach eigenen Aussagen seit mehreren Jahren in der Region tätig. Er bezeichnet sich als Spezialist für Firmengründungen in Dubai und für steuerliche Gestaltungsmöglichkeiten auf Grundlage des Doppelbesteuerungsabkommens. In Deutschland ist Recker durch sein intensives Marketing im Bereich der beratenden Berufe wie Steuerberater, Rechtsanwälte und Finanzberater bekannt. Seine Haupttätigkeit ist das Abhalten von mehr als 200 Seminaren und Veranstaltungen pro Jahr. Zusätzlich schreibt er für Fachmagazine Artikel, so die Selbstdarstellung im Prospekt. Aus dem Prospekt wird aber nicht deutlich, wie groß die „Unternehmensgruppe Recker" wirklich ist.

Die übrigen Partner des Projekts sind mehr oder weniger bekannte Namen: Das Rezidor SAS wird der Hotelbetreiber sein. Ohne Frage ist dies ein erfahrener und renommierter Partner im Hotelbusiness. Für das Projektmanagement und den Bau des Hotels sind Dress & Sommer aus Deutschland mit Niederlassung in Dubai sowie die SIAT GmbH als deutsches Architekturbüro genannt. Dem Ehepaar Rondel kommen erste Zweifel. Wie schafft ein Finanzfachwirt 200 Veranstaltungen im Jahr zu halten und parallel ein Projekt mit einem Volumen von über 140 Mio. € zu konzipieren und weiter zu betreuen? Das Gründungskapital, das Recker selbst eingezahlt hat, beträgt laut Gesellschaftsvertrag 9.000 €.

Die Prüfung geht weiter: Von 142.950.000 € Gesamtkosten werden 128.000.000 € als Kaufpreis für Grundstück und Gebäude ausgewiesen. Ob das ein vereinbarter Festpreis ist und wer das Risiko steigender Kosten trägt, wird aus den Erläuterungen nicht deutlich. Die „weichen" Kosten wie Konzeptionsgebühr, Prospekterstellung etc. werden mit 14.000.000 € angegeben. Damit ist der „Substanzanteil", der das eigentliche Grundstück und Gebäude beinhaltet, mit 90% ein guter Wert – auf den ersten Blick. Denn die Kosten, die die namhaften Architekten und Projektmanager für ihre Arbeit bekommen, sind in den 90% enthalten. Damit bleibt für Rondels unklar, wie viel Immobilienwert sie tatsächlich erhalten werden und ob die Vergütungen für die Akteure angemessen und marktgerecht sind.

Ein solches Produkt muss erst einmal bekannt gemacht werden. Im Prospekt sind die Kosten für den Vertrieb des Fonds, kurz Provisionen, genannt. Etwas über 5% des Investitionsvolumens werden für die Eigenkapitalbeschaffung ausgewiesen. Die zahlt – wie bei jedem geschlossenen Fonds – der Anleger mit. Die 5% erscheinen angemessen, doch Rondels realisieren, dass weitere 5% fällig werden, wenn sie den Fonds zeichnen. Dieses **Agio wird vom Investor bei Zeichnung verlangt,** die zusätzlich zur Zeichnungssumme bezahlt werden müssen.

Was wäre wenn?

Im Prospekt sind mehrere Prognose-Szenarien abgebildet, die die Eheleute intensiv lesen. Die Ausschüttungsprognose für den „realistic case", also den vom Prospektherausgeber als Basis-Szenario ausgewiesenen Fall, lautet auf 9% pro Jahr, ansteigend auf 12,26% im Jahre 2017. Im „worst case", in dem Zimmerpreise und

Zimmerbelegungsquote deutlich herunter gerechnet wurden, sinkt die Ausschüttung auf 2,37% und endet in 2017 auf 4,09%. Wenn es richtig gut läuft, könnten sogar 15% pro Jahr und mehr ausgeschüttet werden.

Doch vorher muss noch eine Reihe von Posten bezahlt werden. Der Gesellschaftsvertrag nennt: Vergütung für die Geschäftsführung (Geschäftsführer der Komplementärin: Georg Recker): einmalig 290.000 € – fällig Ende 2005. Die laufende Geschäftsführungskosten betragen 0,25% der Gesamtinvestitionskosten. Dies hört sich wenig an, sind aber tatsächlich über 350.000 € pro Jahr. In der gleichen Struktur werden auch Ende 2005 **„Haftungsvergütungen" fällig** und der Treuhandkommanditist wird bezahlt: 280.000 €. Die Kosten für das Management der Betreibergesellschaft, die dafür sorgt, dass überhaupt die Erträge erwirtschaftet werden, sind darin noch nicht enthalten: Diese sind für 2008 mit gut 2,4 Mio. € angegeben, jährlich steigend.

Rondels fällt auf, dass sie nicht erfahren, was nach 2017 passiert. Laut Gesellschaftsvertrag ist die **Gesellschaft auf unbestimmte Zeit geschlossen** und kann nicht vor Ende 2017 aufgelöst werden. Es wird nichts davon geschrieben, ob das Objekt veräußert werden soll – und wenn, zu welchem Preis. Kurz: Es fehlt eine ausgewiesene Exit-Strategie. Man kann damit im Grunde nicht prüfen, welche Rendite das Investment abwirft.

Mitgehangen – Mitgefangen

Als erfahrene Kalkulatoren erkennen sie auch, dass sich die steigende Ausschüttung im Wesentlichen aus den steigenden Mieten ergibt. Alle Prognoserechnungen gehen davon aus, dass der Hotelbetreiber die Nettomieten steigen lassen kann. Mehr als 50% der Jahreseinnahmen der Fondsgesellschaft resultieren aus umsatzabhängigen Einnahmen. Folge: Der Investor ist mit dem Geschick des Hotelbetreibers und der Marktsituation vor Ort intensiv verbunden – in guten und in schlechten Zeiten.

Rondels resümieren: Für sie kommt eine Investition in diesen Hotelfonds nicht in Frage. Das vorliegende Angebot erfüllt nicht ihre Bedürfnisse einer fundierten Kapitalanlage. Dabei sind es zum Teil Fakten, die dagegen sprechen. Aber letztlich entscheidet auch das „Bauchgefühl". Schließlich müssen sie sich – mangels Vor-Ort-Erfahrung – auf die vielen Partner verlassen. Dabei können sie noch nicht einmal sicher sein, dass das Hotel tatsächlich realisiert wird. 143 Mio. müssen von Anlegern eingesammelt werden. Dies ist eine stolze Summe für einen Initiator, der sein erstes Projekt dieser Art auf den Markt bringt. Wenn das Geld nicht zusammen kommt, kann es für die Anleger kritisch werden. Eine Platzierungsgarantie, wie sie für renommierte Anbieter von geschlossenen Fonds Standard ist, gibt es beim DUBAI 1.000 Hotelfonds nicht.

FB vom 01.08.2005

www.fuchsbriefe.de

Vermögensnachfolge

Rechtzeitig planen

Mehr als 75% der Deutschen haben kein Testament. „Und die übrigen 25% sind auch noch nicht auf der sicheren Nachfolgeseite". Denn der Großteil jener Vorausschauenden, genau genommen 87%, hat eine mangelhafte Regelung. Gerade einmal 3% der Deutschen wird eine einwandfreie, auf ihre persönliche Familien- und Vermögenssituation zugeschnittene testamentarische Lösung bescheinigt. Folge dieser erschütternden Bilanz: Bei über 50% aller Erbschaften kommt es zum Streit zwischen den Erben. Bei Vermögenden liegt dieser Wert noch höher: bei ca. 70%.

Traditionell werden Erbregelungen unter rein rechtlichen oder rein steuerlichen Aspekten gestaltet. Das Problem dabei: Sämtliche Ziele und Wünsche, die Vernetzung zwischen den Rechtsgebieten und der tatsächlichen Vermögenssituation werden nur unzureichend berücksichtigt.

Eindimensionaler Rat

Die historisch gewachsene, eindimensionale Betrachtung von Erbfällen, bei denen ausschließlich der Notar oder der Steuerberater involviert sind, wird der Komplexität des Themas meist nicht gerecht. Aus diesem Grund ist ein relativ junger, aber professionell arbeitender Berufsstand entstanden: der Vermögensnachfolgeplaner oder neudeutsch „Estate Planner". Neben ihrer ursprünglichen Kernkompetenz (als Rechtsanwalt, Steuerberater etc.) bringen sie auch die angrenzenden Fachbereiche mit in die Beratung ein. Alle Vermögensnachfolgeplaner müssen eine Qualifikation mitbringen: interdisziplinär denken, das jeweilige Berufsrecht beachten und an der richtigen Stelle in der Beratung weitere Expertisen hinzuziehen.

Fall aus der Praxis

Xaver Seebach ist Gesellschafter einer OHG. Sein Gesellschaftsanteil beträgt 50%. Sein Mitgesellschafter Peter Felderer besitzt die andere Hälfte der Firma. Das Kapitalkonto in der OHG-Bilanz beläuft sich derzeit auf 725.000 €. Außerdem besitzt Seebach ein Grundstück, das er an die OHG für die betriebliche Nutzung vermietet hat. Verkehrswert 2.600.000 €. In der Bilanz ist die Liegenschaft mit 590.700 € bewertet.

Nun beschäftigen sich der Unternehmer und seine Frau Franziska mit dem Ruhestand und der Frage, wie es mit der Firma weitergehen soll. Das Ziel: Im Jahr 2007 soll Schluss mit der aktiven Tätigkeit sein. Ab dann möchte er die Früchte seiner Arbeit genießen. Der Liquiditätsbedarf pro Monat für die Lebenshaltung beträgt 7.500 €.

Das Privatvermögen der Eheleute Seebach beläuft sich mittlerweile auf über 8,2 Mio. €. Davon sind 3,1 Mio. €

in Immobilien angelegt, mit weiteren 3,5 Mio. € ist der OHG-Anteil einschließlich des Betriebsgrundstücks zu bewerten. Vor gut einem Jahr wurde dieser Preis von einem potenziellen Unternehmenskäufer geboten.

Die Eheleute müssen sich in ihrer Familie mit **drei schwierigen Themen** beschäftigen. Von den drei gemeinsamen Kindern ist der 20-jährige Sohn Frank das „schwarze Schaf" der Familie. Er hat sich von seinen Verwandten völlig gelöst und steht einer ominösen Sekte sehr nahe. Seebachs sind sich einig, dass Frank kein Erbe bekommen soll. Leider hört an dieser Stelle die Einigkeit auf, denn die Eheleute befinden sich seit vielen Monaten im Dauerclinch. Jetzt wird sogar von Scheidung gesprochen.

Das liegt u. a. daran, dass Xaver seine uneheliche Tochter, mittlerweile auch schon volljährig, verschwiegen hatte. Als noch Friede in der Ehe herrschte, haben die Eheleute ihr gemeinschaftliches Testament gemacht: Zunächst erben beide alleine, die gemeinsamen Kinder sind zu gleichen Teilen die Schlusserben. Thema Nr. 3: Der älteste Sohn Stephan sollte ursprünglich Vaters Firmenanteil übernehmen. Eine endgültige Entscheidung hat er aber nicht getroffen, es handelt sich eher um ein „Hin und Her". Xaver Seebach ist sich im übrigen auch nicht so sicher, ob sein Sohn der Richtige für die Unternehmensnachfolge ist.

Was ist, wenn ich sterbe?

Mit dieser verworrenen Situation sucht der Unternehmer nun professionellen Rat. Die erste Frage, die er beantwortet haben möchte: Was passiert mit unserem Vermögen und der Firma, wenn ich morgen sterbe?

Hierfür ist zunächst ein Blick in die Firmenverträge nötig. Der Gesellschaftsvertrag aus dem Jahre 1976 sieht folgende Regelung vor „Stirbt einer der Gesellschafter, so wird die Gesellschaft mit einem leiblichen Erben fortgesetzt." Mehr ist im Vertrag nicht zu finden, auch ist keine Ersatzlösung vorgesehen.

Testament versus Satzung

Dummerweise ist die Ehefrau keine leibliche Erbin, sondern eben „nur" die Ehefrau. Im Todesfall von Xaver stimmen Testament und Gesellschaftsvertrag demnach nicht überein. Gravierende Folge: Der OHG-Anteil geht an Peter Felderer, aus der OHG wird ein Einzelunternehmen. Frau Seebach hat einen Anspruch auf eine Abfindungszahlung von Herrn Felderer. Diese beläuft sich, so die erste Hochrechnung auf Basis der Bilanzwerte, auf 725.000 €. Weitere Folge der unzureichenden Erbregelung: Da die gedachte Nachfolge im Unternehmen nicht stattfindet, werden stille Reserven „gehoben". Steuerzahlung an das Finanzamt (Einkommensteuer, nicht Erbschaftsteuer): ca. 500.000 €.

Weiteres Problem: Durch das „Berliner Testament", in dem sich die Eheleute gegenseitig als Erben eingesetzt haben, wurden die Kinder für den ersten Erbgang „enterbt". Sie können demnach ihren Pflichtteil geltend machen. Die Vermögensnachfolgeplanung ergibt, dass die vier Kinder jeweils über 360.000 € fordern können. Dieses muss Frau Seebach bar aufbringen; eine Übertragung von Vermögenswerten (z. B. Immobilie) ist im Gesetz nicht vorgesehen.

Im Zuge der Beratung werden Xaver Seebach weitere Probleme klar: Im Falle seines Todes reichen die laufenden Einnahmen nicht aus, um die Finanzierungen für vier vorhandene Eigentumswohnungen zu bezahlen.

„Enterbter" Sohn zahlt . . .

Eine weitere Überraschung: Um Prämien zu sparen, hat der Unternehmer vor Jahren eine Lebensversicherung abgeschlossen und als versicherte Person seinen Sohn eingesetzt. Die Versicherung wurde für eine Immobilienfinanzierung an die Bank abgetreten.

- Problem Nr. 1: Stirbt Xaver, läuft die Versicherung weiter. Der Kredit wird nicht abgelöst.

- Problem Nr. 2: Die Police fällt nicht (!) Frau Seebach zu, sondern geht im Todesfall auf den Sohn über – so regelt es das „Kleingedruckte" im Versicherungsvertrag.

Folgen: Der Sohn muss die Prämien weiterzahlen. Bei Fälligkeit fließt der Bank das Geld zu, ohne dass der Sohn davon einen Nutzen hat. Die Miete bekommt schließlich Mutter Seebach.

Nur ein Teil der Ergebnisse

Die genannten Probleme sind nur ein Teil der Erkenntnisse aus der Arbeit des Erb-Planers. Der Rückzug aus dem aktiven Geschäftsleben ist keinesfalls gesichert. Hier muss Xaver Seebach richtig „Gas geben" und die Weichen stellen. Etliche seiner Finanzierungen sind suboptimal gestaltet: Die Aktiendepots sind ineffizient, und zudem gibt es eine erhebliche Deckungslücke, die er in den nächsten drei Jahren durch gezielte Rücklagenbildung stopfen kann.

Sein Ziel, den Ruhestand zu genießen, erreicht er nur, wenn er die Unternehmensnachfolge gut regelt. Kritisch wird es, wenn es tatsächlich zur Scheidung kommt. Ursprünglich wollte Herr Seebach den Güterstand wechseln – weg von der Zugewinngemeinschaft hin zur Gütertrennung. Theoretisch ist dies möglich, doch Xaver fehlt das Geld, seiner Frau den bisher entstandenen Zugewinn auszugleichen.

Der Fall, der kein konstruierter Einzelfall ist, sondern die Beratungspraxis zeigt, macht deutlich: Ein einzelner Berater kann diese Komplexität in der fachlichen Breite und Tiefe nicht abbilden. Daher wird der Estate Planner nach der eingehenden Analyse zum Moderator und Projektmanager. Er holt nun, je nach Kernkompetenz, weitere Berater an einen Tisch. Im vorliegenden Fall sitzen der Steuerberater von Herrn Seebach, sein Rechtsanwalt und Notar sowie sein Vermögensmanager zusammen und entwickeln ein in sich stimmiges Konzept für die Eheleute.

Aufgaben

Anschließend findet die Präsentation mit den Eheleuten statt, die zu weiteren Gesprächen führt. Die Ergebnisse und Gesprächspunkte sind umfangreich:

- Einleitung von Vermögensumschichtungen zur Vorbereitung des Ruhestands.

- Optimierung der Finanzierungen, da diese weit in die Ruhestandszeit andauern.

- Gespräche mit dem Mitgesellschafter über die Anpassung des Gesellschaftsvertrags für den Todesfall (Bereitschaft müsste vorhanden sein, da ihn das Problem ebenso betrifft).

- Prüfung, ob der „Lieblingssohn" der Eheleute als Nachfolger im Unternehmen infrage kommt.

- Prüfung, ob Rechtsformwechsel der OHG sinnvoll und möglich ist.

- Anpassung des Testaments, das die uneheliche Tochter bislang nicht berücksichtigt hat.

- Prüfen, ob Berliner Testament noch angemessen ist.

- Diskussion verschiedener Testamentsvarianten, z. B. die Einsetzung des potentiellen Unternehmensnachfolgers als Alleinerben verbunden mit Vermächtnissen und Auflagen.

- Verhandlung mit dem „abtrünnigen" Sohn (ggf. auch mit unehelicher Tochter) über den Pflichtteilsverzicht gegen sofortige Zuwendung.

- Sicherstellung, dass im Fall des Todes von Xaver Seebach ausreichend Liquidität zur Begleichung der Pflichtteilsansprüche und der Steuerzahlungen vorhanden ist. Zusätzlich oder als Alternative: Gespräche mit den Kindern über Verzicht des Pflichtteils im ersten Erbgang (ggf. mit Gegenleistung).

- Anpassungen der Versicherungen, insbesondere schriftliche Weisung an die Gesellschaft wegen Versicherungsnehmerwechsel im Todesfall von Xaver Seebach.

- Entwicklung von Vorschlägen zur Absicherung von Frau Seebach, die unabhängig von Fortführung oder Beendigung der Ehe gesichert sein soll.

FB vom 15.12.2003

www.fuchsbriefe.de

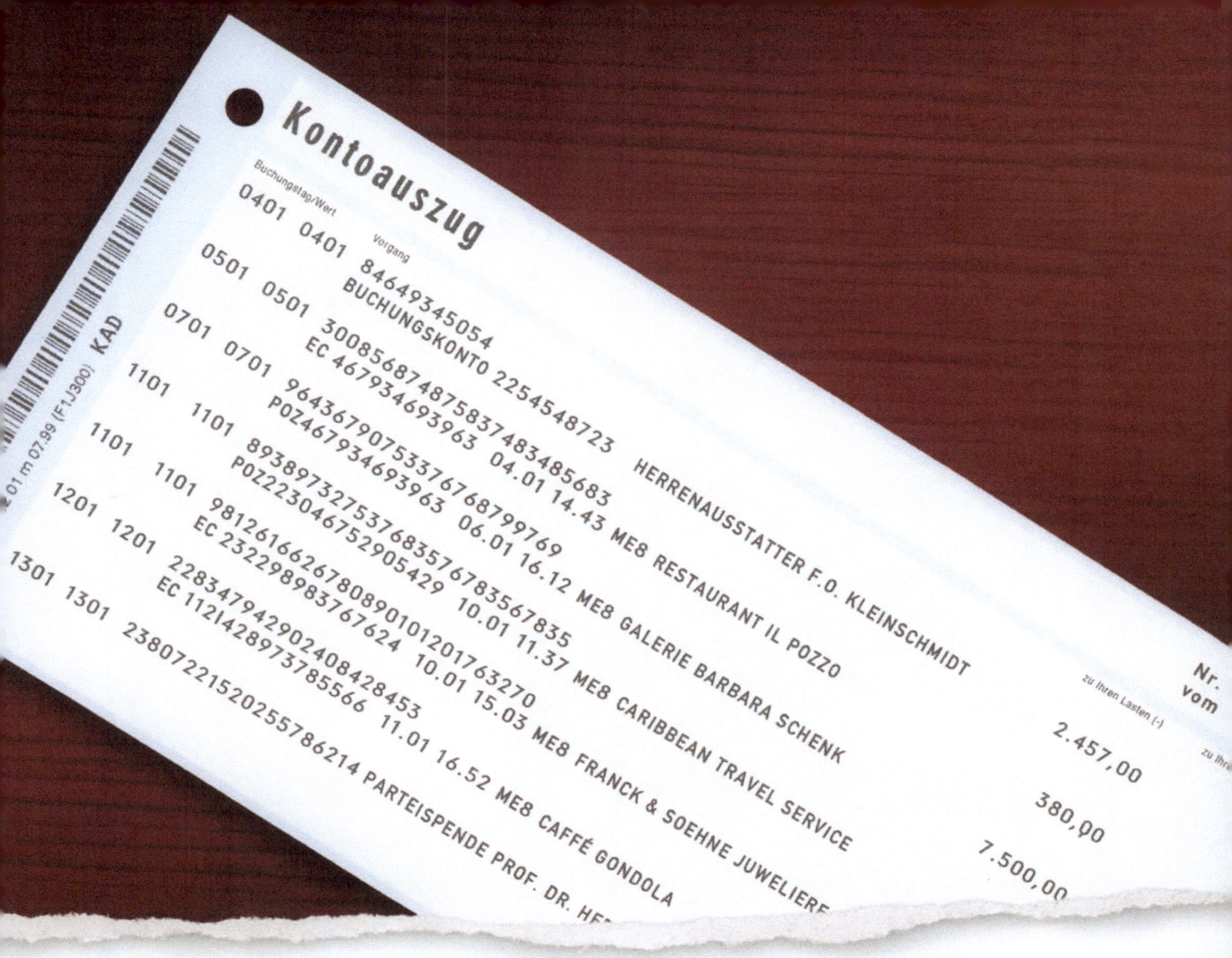

Wer nur die Hälfte weiß, weiß gar nichts.

Capital

Keine Fragen mehr.